TORRES
EDITORES

El Gramaturgo perplejo

Santiago Aizarna

El Gramaturgo perplejo

Santiago Aizarna

(*Gramaturgo: Dícese del avezado escribidor de voraz y profunda lectura, que ha hecho del oficio, una liturgia. | Voz y giro alegórico acuñado por el editor.*)

Primera edición: octubre 2024

©Santiago Aizarna
©Torres Editores
Diseño y Maquetación: Mikel Fuentealba Iribarne
Impresión: Lozano Impresores
Printed in Spain

I.S.B.N.: 978-84-10291-91-1
Depósito Legal: GR 1583-2024

Para aquellos que durante más de 60 años, leyeron día a día los artículos de opinión, crítica y otras expresiones literarias, en los periódicos y revistas "Unidad", "La Voz de España", etc., en secciones como "El espejo cóncavo", "El Diario Vasco", "La Hoja del Lunes"; con un total de 22.000 artículos.

El editor

El color de la sangre

Evidentemente, la sangre del verano es roja. Pero, ¿igual de roja siempre?

¿Igual la de la torería del albero y la de la talanquera, la del asesinato, la del accidente, la de la crueldad, la de la desidia, la del vómito, la del menstruo?... ¿Igual a todas horas, mañana, tarde, noche?... ¿Igual en todo camino, metros, kilómetros, leguas?... Seguir las huellas de la pieza herida requiere, en ocasiones, ir dotado de las gamas del pintor genial, saber de la púrpura y del coágulo; de albas resplandecientes, es cierto, pero también de ocasos incendiados. La sangre es policolor aunque no nos lo parezca a veces, pero es que también a ella la oxidan las horas. Y, la intención, la malevolencia y la saña, sobre todo las crueldades, dígase que todas. Desde las inconscientes hasta las sádicas, escorias del sentimiento humano en este caso último, pero dolorosas igualmente en el primero. Dicho lo dicho, ¿en qué situación colocamos? ¿En la de Solana, cuando decía que el arte se hace con sangre, o, en la de Baroja que, ante esa afirmación solanesca, pensaba y así manifestaba que, con sangre, únicamente se hacen morcillas?...

Malaparte

Igual un siglo antes que ahora, y siglos y siglos
antes sin mudanza, a cualquiera que empezare a
escribir del verano español como pie forzado, sin
remedio le ha de acosar la idea de la sangre. ¿Su
idea, dice?... ¿Circulan por las venas las ideas?...
Hay quien piensa que si. Por un ejemplo aquel
tremendo italiano, un escritor de bigardías tan so-
carronas que, acaso por celos (¿quién sabe?), o
por reminiscencias ecoicas (¿acaso?), o por reto
luciferino (pendejada de diablos y quién sabe si
de "pobres diablos", mejor) vino a querer llamarse Malaparte ya que aquel Bonaparte, el im-
perial, quizás le hacía sombra hasta en su imperio
de las letras. Que decía pues, ese tal Malaparte,
un tal Curzio para más señas, que "la sangre es el
elemento más precioso de la naturaleza y del
hombre". Que "entre todas las leyes, que el hombre se siente por naturaleza impulsado a obede-
cer, la más misteriosa y la más severa es la de la
sangre", que "desde el más duro al más suave,
todos somos esclavos de esta ley: la única de la
cual somos verdaderamente esclavos", y que "la
sangre es lo más nuestro que tenemos en nosotros", que "en las venas tienen raíces nuestros
pensamientos, nuestros sueños, nuestros senti-

mientos y nuestras acciones". Si, que circulan por las venas nuestras ideas, pensaba Curzio Malaparte, y vino a dar en la decisión de dedicar un volumen de relatos bajo esta advocación "Sangre" (José Janés, Editor, 1958), y, en donde, en el primer párrafo de la primera narración, "Primera sangre", nos viene a decir que "De muchacho, habiéndome una vez hecho un profundo corte en la palma de la mano al romper una caña, la vista de mi sangre me produjo un susto atónito y feliz". ¿De qué "felicidad sin atonismo alguno" (ya que a tan sin sorpresa les resuena) no se sentirán poseídos los que de sangre se visten y se recaman en los veranos sangrientos españoles, tan españoles todos por diferentes que pudieran ser (o, mejor, querer dejar de ser) en sus (ahora) varias comunidades, todas ellas marcadas, por una u otra causa, por una u otra costumbre, con el sello indeleble, y tantas veces infame, de la sangre?...

Sade.

No quiere centrarse este liviano artículo de periodístico en crítica de ningún tipo ni acerba ni más o menos domada come tan al uso, sobre un determinado festejo, llamado Fiesta por antonomasia, de tan cruentos episodios y tan numerosos como en el verano español se producen, porque, aparte de esa Fiesta son tan abundantes los episodios crueles y sangrientos que sería cosa de no acabar. Se me argüirá que también en los mismos veranos aunque no españoles, ocurre otro tanto. Pero es cosa que poco importa. El acontecer de los otros, tomado como medida, no nos absuelve de los nuestros, sino se quiere caer en el "consuelo de tontos". De todos modos, la sangre del verano se derrama tan generosa que; oteado desde cierta lejanía pareciera que fuese, por gala, la estación de la sangre, y es que su descarnada crueldad nos acosa desde tan incontables frentes veraniegos que sería imposible abarcarlos, que hasta parece que hubiera una cierta morbosa delectación por parte de los medios de comunicación, todos empeñados en darnos relación prolija de tales hasta sobre ancianos de cachava corva que blanden cuchillos de cocina contra sus prójimas de pareja edad y los clavan en tantos golpes como años en su carne antes tan querida, y no quiero citar a asesinos terroristas (aunque sí los incluyo) porque hay nombres que con sólo pronunciarlos nos manchan labios y lengua y aún más la mente y el corazón en oprobios insuperables. Más en corto, lo que pretendo es hacer resaltar un poco ese fenómeno veraniego de la sangre y que está en su misma raiz de costumbres y paisanaje, su aflorar por vía violenta en los largos días del verano bien en las costumbres tan mostrencas corno crueles cuya celebración implica ejercicios tan disparatadamente estúpidos que uno se pone a pensar si esos paisanos nuestros pertenecen o no a nuestra misma galaxia, o si el sadismo es una invención tan humana que la injusticia está en colocarla bajo la advocación de Sade, que visto lo que sucede con su síndrome, se cae en el equívoco de que también él no fuera otra cosa que chivo expiatorio, hombre que prestó su ilustre apellido para denominar a ese obsceno acto humano tan repetido en tantos sitios de matar y matar animales y personas, resultado, acaso, de una exagerada ebullición de la sangre en tantos crímenes como se dan, bien sean o no de género pero siempre abundantes en número, que, llegados a este punto, mejor es dejar a un lado a la gramática. Una pasión por la sangre, tan vampírica si se quiere como pictórica y que se vuelve tan contagiosa, otra vez y más y más, vuelta y vuelta al color de la sangre y en un contagio de tal intensidad que hay quien piensa que hay espectadores que no se quedan contentos si no ven la sangre de las tripas sobre la arena, ya

15

no importa de quién una vez que pasó el tiempo de aquellos viejos caballejos destinados al matadero y que paliaban" esa sed de crueldad. Todo esto, claro, en inevitable escenario y escena solanesca que vendría a quitar la razón a don Pío ya que, resulta meridianamente claro, que el arte del verano español se hace con sangre como sostenía a boca y pincel el ínclito Solana.

El seductor

Los caminos del amor, como todos en definitiva, son inescrutables. En cualquier revuelta o encrucijada puede esconderse la tragedia. Dicen que, por esas rutas del amor, alma indigente de afectos que se le negaron, exiliada de amores que sin embargo perseguía, pluricandidata a los juegos olímpicos de la nada, flor exangüe de anorexias y bulimias, cabalgando en un voraz alazán de metálicos rugidos y velocidades de rayo, lady Di, una princesa real, un casi personaje de Perrault, chocó con un pilar de un puente parisino llamado de l'Alma a eso de las cuatro de la mañana de un domingo para ella infausto. Quedaban como despojos a recoger y como reguero de memorias, cosas tales como una infancia desangelada y casi huérfana, un amor de mentiras, un casamiento equivocado, un desamor creciente, una furia de desquite, una voluntad de ruptura, y una búsqueda dolorida tanteando vacías mansiones en las que creía que el amor habitaba aunque tan efímeros le resultaban. Ella había encontrado la muerte, que es fría y opaca, con placas de sangre coagulada, en un lecho de hospital, desganada sin duda de luchas imposibles, con la sangre yéndosele por acequias rotas... Una historia de caminos y de trayectos peligrosos que recorremos diariamente sin saberlo pero que alguna vez se nos cierran nunca sabremos bien si con crueldad o con esperanza.

La tragedia, que sabe ser ciega a su capricho, hirió también de muerte, antes que a ella, a su acompañante, Dodi Al Fayed, un egipcio que dicen que era una especie de playboy que puede ser como una refundición del viejo modelo del donjuán, ése que lleva instalado en la literatura en una tradición de siglos. La estela fuliginosa de la víctima principal dejaba un poco en penumbra esta figura del seductor que suele estar dotado, generalmente, de un estado de gracia admirable que facilita la seducción que es algo así como un coito espiritual, una penetración de los elementos de ataque de la simpatía en los reductos de la plaza humana a conquistar, y que es una actividad artística o artesanal que a lo largo de la historia de la civilización ha contado con grandes artífices. El carisma personal puede proceder de varias fuentes, pero en el caso que nos ocupa, la fuerza de seducción de este caballero egipcio pudiera no estar, necesariamente, en las tan conocidas letrillas de Quevedo en las que alaba al poderoso caballero don Dinero por ser éste elemento en abundancia en esta relación. Pero le vienen bien al seductor los nutrientes de su fama y para eso han servido siempre las conquistas femeninas, y en este punto puede ser que le conviniera últimamente la compañía de la princesa, que le facilitó la escalada de los últimos peldaños de la fama, ésa que, ahora, desde la distancia, tan cercana aún pero tan remota también, de su muerte, nos hace aparecer a su poseedor como ente efímero, alguien que, en muy poco tiempo, consumió sus cargas de popularidad, ya que, para los no muy impuestos en el mundo de la prensa del corazón o del papel cuché, su desfile mundano ha sido vehemente, cálido y breve, una especie de corneta fulgurante que se quema al contacto popular, una cola de brillos y relumbrones impactantes pero que en sus mismas incandescencias encuentra su morir, y que se aparta totalmente de esa otra imagen de Casanova senecto y longevo que nos procuraba Arthur Schnitzler, un retrato de seductor asentado y sereno, con untos de veteranía y nobleza que solamente los años donan, una especie de ambarinos toques o de doradas refringencias que sirven para mejor tallar sus figuras admirables, que la sabiduría definitiva es un producto en el que a los naturales o adquiridos saberes se asocian los fermentos del tiempo. Y, para mejor redondear la imagen, digamos de la simpatía del seductor y de su consecuente compañera la seducción, lo que de la honra decía el clásico, que "es aquella que reside en otros", porque de otros vendrá siempre el refrendo de la simpatía que produzcamos o no y nunca de nosotros mismos. Y será, sin duda, un don natural, gratuito y libérrimo, algo que se funde en el mágico crisol de las almas, una misma entidad inorgánica que se fabrica en los telares conjuntos de ambos seres envueltos en sus redes, un sutilísimo cañamazo que excluye definitivamente a los que no son capaces de bordar en él, conjuntamente.

¿Y qué ve el seductor en las almas y sobre todo en los cuerpos que adivina que le son afines o seducibles?. El más primitivo contestará a esto, seguramente, que la belleza, pero esto sería así, solamente, en el caso de que el seductor no se dejara seducir, a su vez, por los ornatos sociales de la seducida, por sus trayectorias poliándricas si es caso, por la calidad simbólica de las sábanas que ha arrugado, etc. Sería virtuosismo quintaesenciado de donjuanía seducir a la pura inocencia libre de adherencias sociales como en el caso de aquel seductor de viejas edades que fuera Cipriano de Antioquía empeñado en lograr los favores de la bella Justina, episodio por cierto que llegó a tentar al propio Calderón para su "El mágico prodigioso", o aún más, dentro del donjuanismo popular el ejemplo más convincente sería el del Tenorio zorrillesco ante doña Inés (que no ante doña Ana de Pantoja y otras seducciones varias), así como en otros episodios primigenios del donjuanismo literario que existió antes de que el primer donjuán saliera a escena. Pero es obvio que la donjuanía clásica casi ya dejó de existir, por lo menos en esas páginas de cuché que antes hemos mencionado, un mundo de epitalamios de conveniencia, de relaciones inequívocamente propagandísticas, en donde el amor generalmente se reduce a una fricción de cuerpos pero en donde interesan mucho más las fricciones sociales, la fama y la bulla. Y muy al margen de esta amorfa pandilla de gentes que parasitan en simbiótica convivencia tanto en sus lugares de recreo corno en las revistas del corazón o en las pantallas televisivas, nos desfilan, con otros símbolos y emblemas de mayor calidad los grandes amadores de la Historia, aun aquellos que recurrían a ardides y burlas para lograr sus propósitos.

La muerte cerró, ese domingo pasado, con final infeliz, una historia de princesas y de amores, aunque no sé si quiso el destino que fuera un cuento de hadas, precisamente. Pero lo que sí ha quedado en claro, al margen de la tragedia en sí, es de qué manera ese tipo de cuentos cala en el esponjoso corazón de las gentes, tan dadas al sentimentalismo de tonos rosáceos.

El Tapiz

Posiblemente, el trance más ingrato de la muerte, para mí, está en tener que irse cuando queda tanto por leer. Parece que esto ya lo dijo un tal Menéndez pero no por eso deja de ser verdad, pues ateniéndonos a lo dicho por Sem Tob, el de Carrión, no vale menos el buen consejo porque judío lo diga.

Tener que irse y no poder seguir leyendo más es, pues, la bisectriz alucinante. De las dos partes en que la línea divide al ángulo, una de ellas no creo que me incomode mucho.

En realidad, si la segunda de ellas no se me da, pienso que para qué querré la primera.

Vivir sin leer es una de las posibilidades horrorosas como me imagino mi infierno.

Confesaré, en cambio, que, así, en frío, seguramente por no estar presionado directamente más que por la edad, la muerte sola, si no fuera por la restricción que produce, no me arredra. La muerte, vista desde esta cierta asepsia mental, puede ser solamente cuestión de un breve momento de ahogo, me imagino, y, más allá de ella, se extiende ese gran páramo de donde imagino que vine, la Gran Nada. No fuí, llegué a ser y vol-

23

veré a desaparecer, tres estadios, tres escalones, tres puntos de referencia para una única y, seguramente, no repetible aventura ya que no creo en la reencarnación ni en miríficos edenes. "Sólo se vive una vez", dice el sentir popular y lo repetimos en ese momento de la desnudez preclara en la que no obran sobre la conciencia pujos y hojarascas de educación convencionales. Pero no solamente se vive solamente una vez sino que tampoco se muere más de una vez, y ésta sí que es certitud que le asalta a todo hombre, creyente o no. Lo acabo de leer en el "De senectute" de Bobbio: *"Incluso quien admite una segunda vida después de la muerte no admite una segunda muerte, pues la segunda vida, si existe, es eterna, es una vida sin muerte"* (pág. 56). Pienso, mientras leo, que así son los fenómenos que les acontecen a los seres supuestamente eviternos ya que eternos no existen dado que todas las criaturas tuvimos comienzo. Pero, ¿es posible librarse del futuro ignoto y sumergirnos, otra vez, en nuestro posible punto de procedencia que es la Nada? Difícil se presentaría esta vía de escape si hubiera que hacer caso a los millones de seres que vivieron y murieron y que viven y mueren bajo el "consuelo" (dicen), de su religión.

Precisamente, creo que el invento de las religiones puede estar en esa posibilidad que ofrecen al creyente de no tener que morir radicalmente, totalmente. Respetemos, aun por simple educación, las esperanzas de esa inmensa cantidad de gentes que no quieren morir del todo, esperanzas que, naturalmente, por su propia condición, son esforzadas, apremiadas, arrancadas de lo profundo de una necesidad que esas tales personas sienten de no extinguirse mientras que a otros se nos da una higa de esa eventualidad. Lo que se impone es hacer mutis y dejar a cada uno con su problema, porque ante lo ignoto solamente se pueden formular cábalas y nadie puede ir más allá de sus lucubraciones personales que siempre serán gratuitas, y es sabido, por otra parte, que ese temor a la extinción total, una especie de enfermedad sentimental, ha sido preocupación inherente a las cogitaciones investigadoras anímicas de figuras del pensamiento de gran peso y a lo largo de toda la Historia. En cualauier caso, creo yo, aueda aún el aran misterio del tapiz ese que figura al final del pasillo, y ante el que caben, creo yo, únicamente dos actitudes, la rebelde del que se niega a ser tragado por la inane bestia de la negatividad suma y la humilde del que nunca se ha creido llamado a grandes empresas y acepta ser engullido por esa misma bestia. Un problema de humildad o de soberbia según de dónde se mire, una encrucijada capital del creer o no creer sobre el que Bobbio escribe: *"para el no creyente, el argumento principal es la conciencia de la propia poquedad frente a la inmensidad del cosmos, un acto de humildad ante el misterio de los universos mundos"* (pág. 54).

Terminaré diciendo que estaba yo escribiendo mi "Camino de Polloe", el único testimonio y testamento que quisiera dejar, la única señal, acaso, de mi paso por la vida, cuando cayó en mis manos, en estos días, ese texto, testimonial y testamentario también, de Norberto Bobbio, ya citado. Convengo en general con él y con la variante que enhebra de uno de los "Adagia" de Erasmo: *"Quien alaba la vejez no le ha visto la cara"*, pero esto es lo de menos. En realidad, la vejez ni siquiera es cronológicamente igual para todos, y puede consistir en un reuma crónico, en una artritis progresiva, en una osteoporosis derrumbarte, etc, ya que los métodos de tortura de la naturaleza son exuberantes y magníficamente extensos y, por otra parte, la edad tampoco es determinante del todo en lo relativo a la vejez. Algunos fuimos tan tremendamente monstruosos que empezamos a ser viejos casi a la temprana edad quinceañera y lo único que han venido a demostrarnos los posteriores calendarios es que, desde cualquier punto de partida que comenzamos la carrera de la vida hemos podido ir avejentándonos más y más hasta llegar a las puras esencias carcamalescas, cuando vamos notando que la memoria se nos vuelve líquida, un zumo de esencias ácidas o agrias nos exuda el alma, son temblonas las manos queriendo apresar una solidez que en ningún lugar encuentran, la nariz en gancho y del que penden estalactitas, los ojos manantes de acuosos pozos mal represados, pero mayor es aún la delicuescencia sentimental, cuando notamos el síndrome del abuelete y es que cualquier pasaje de serial tanto nos aternura que notamos que el corazón es como un trapo de fregar que deja escapar agua sucia...

Quizás sea el momento ideal para apreciar la calidad y la textura del tapiz que está al final del pasillo, una tela recamada en dibujos dureriles, los trazos de ornato recreándose en elípticas curvas que darán paso a las ensoñaciones más atrevidas y los miedos horripilantes y hay quieifte atrever decir que pueden observar a su trasluz esa especie do foco de algo que terminará en nada o esa oscuridad por donde comienza la más fastuosa de las iluminaciones...

Niños, Perros, Bagdad, Aladino, etc...

Me atrevo a decirlo ahora que ya han pasado los días más significativos y más gratificantes para ellos, los más espléndidos y generosos, cuando las navidades que seguramente nunca olvidaron, se perdieron en un recodo del camino y ha transcurrido igualmente la fecha tantas veces invocada de los Reyes Magos con su cabalgata llena de ilusiones y esperanzas. Y lo digo, ahora que los niños, aparte de haber vuelto a la escuela para emprenderla con el silabario y no sé yo si todavia empeñados en llenar los cuadernos de torpes caligrafias, están entretenidísimos en hurgar en las tripas de sus juguetes como siempre ha sido, que yo no sé qué clase de tripas tienen los juguetes de hoy, pero seguro que tienen tripas, y seguro, también, que esas tripas son el objetivo principal de los niños en sus juegos devastadores.

Hasta estos tiempos calamitosos que vivimos, en los que el Oriente se ha convertido en pura amenaza terrorista, dicen, ese Oriente temible como el alacrán que mude con la cola –que es muy aviesa manera de morder– y el fundamentalismo y el terrorismo asociados como una horca que nos ensartan a todos y nos colocan como la mies en las eras dispuesta a secarnos bajo el sol inclemente, el Oriente era la maravilla de las maravillas, la mítica tierra más pródiga en milagros que la Lourdes de Bernardette y su gruta de la Virgen, el Oriente donde Aladino frotaba la lámpara maravillosa y los deseos se realizaban; donde Ali Babá pronunciaba la frase clave, ¡Ábrete, Sésamo! y las cuevas se abrían más esplendorosas en tesoros más rutilantes que los que Audrey Hepburn pudo desayunar en Tiffanys; donde uno podía hasta soñar en los harenes de los sultanes turcos como en una Estambul narrada por Pierre Loti o en los descritos en la Túnez Blanca de Miriam Harry, Oriente por ahi por donde luego Sadam Hussein dicen que estuvo alimentando mortíferas bestias de muerte, y por donde correteaba Sabú en su papel de ladronzuelo de Bagdad, que es verdad que todavía James Hilton no habia descubierto el paso montañoso al edénico lugar de Shangri-la y lo que a nuestra imaginación alimentaba eran las calenturas viajeras de Marco Polo, sobre todo, el poderío fastuoso de Gengis Khan y las refinadas civilizaciones que se habian empollado encerrados en el matraz endógeno aunque amplísimo de la Gran Muralla.

En esta cálida temperatura oriental, cuando ni siquiera la sombra y estela de los piratas berberiscos era algo más que recuerdo, a uno de los pocos que se le ocurrió despertar a la bestia de ojos rasgados y largas uñas como lanzas fue al seudonomizado Sax Rohmer en su personaje predilecto Fu Manchú, que, con sus, tambores y sus caballeros del Si Fan y enfrentado al ingenioso detective Nayland Smith, aterrizó con singularísimo éxito en la ingenua cinematografía de los años cuarenta.

Pero hete que los años han cambiado mucho, sobre todo para el Oriente y para nosotros que nos creíamos inmutables. Aunque a James M. Barrie le dió por crear su personaje de Peter Pan tan obstinado en no querer crecer lo cierto es que era una creación innecesaria. Porque los niños no crecen nunca. Los niños son siempre esos crueles enanos que gozan de todos los privilegios y ante los cuales nuestra derrota será siempre segura porque seguiremos siendo siempre como esos habitantes minúsculos de los bosques en los cuentos de hadas, los gnomos que viven en los tejuelos de las setas y se asoman desde sus sombrerillos y con los que conviene estar a buenas. Pero perdónenme si los comparo con los perros. Cuando un perro, un cachorrito de nada, un cachorrito encantador como solamente ellos saben serlo, entra en una casa habitada por personas honorables, estas personas de dignidad y respeto

por supuesto, personas irreprochables en sus há-
bitos y en sus maneras, son vencidos por el ca-
chorrillo que impone su voluntad que no su ley,
porque éstas pueden ser nada más que un juego
de cartas en donde la prepotencia de unos se impone sobre la impotencia de los otros, que me
acuerdo yo ahora de aquella ley de bigardos en
aquel juego descrito por Roger Vailland en su novela La loi (Premio Goncourt 1957), con escenario en un pueblo de la Apulia, Manacore, tacón
de la bota frente al Adriático, donde el juego consiste en imponer la ley del sur hasta con derecho
de pernada incluido, ésa que, en cierto modo, se
traspasó hasta tierras americanas.

Como los perros los niños apropiándose de las
voluntades que les cercan, pero más allá de esa
cercanía, de esa familiaridad, de ese lazo afec-
tuoso que los niños saben entrelazar como los
perros, esa su crueldad de bestezuelas que nunca
aprendieron a saber que el cerebro puede quedar
desnudo para poder hacer cualquier barbaridad y
que, por eso mismo, para que no quede desnudo,
hay que vestirlo, abrigarlo, me fijo, sobre todo,
para escribir esta radiografía sobre niños y perros
en una fotografía escapada, creo, de un reportaje
de Kapuscinski y no lo debiera decir porque todo
aquel que alguna vez haya leído un libro suyo de-

biera saberlo, es el rey de los reporteros que resulta ser como el enviado de los dioses para que los que solamente somos viajeros sedentes, los que cogemos billete de ida y vuelta en el sofá con derecho a siesta incluido, vamos viajando por todo el mundo, alumbrándonos con letras de todo tipo, no importa si rúnica, elzeviriana, etc.

Islas

¿Quién, alguna vez, no vivió en una isla? O, mejor aún; o, peor; o, quién sabe; ¿quien no fue alguna vez, muchas veces, tantas veces, una isla? Entre el estar y el ser, dos verbos de parecida contextura pero de muy distinto sesgo está colocada la sutil esencia de la sustancia. Que, en ocasiones, se nos fija indehiscente no sabemos por qué misterioso collage. En mí caso, como en tantas otras correrías, por la lectura. Así, de entre las islas, las más soñadas, que nunca pudieron ser otra cosa para mí, las Borromeas. Y todo, por la maldita literatura. Allá por el tiempo en que lo leía todo, cayó en mis manos una novela de René Boylesve, un autor nacido en 1867 en La Haye-Descartes, pueblecito francés de la Turena que dió en honrar su breve nombre con el añadido del de su más conocido hijo, el filósofo creador de la duda metódica y del cogito ergo sum. A René Boylesve, como a tantos otros de su tiempo, le lanzó al público, aquel nabab de la literatura que fue el único español de aquellos tiempos que dió con la piedra filosofal de mutar las letras en oro, y que se llamó Vicente Blasco Ibáñez. Fue en su Editorial Prometeo donde se publicó esa novela El perfume de las Islas Borromeas de Boylesve,-una obra del periodo voluptuoso de su autor, y de la que señala Blasco Ibáñez en su Estudios Literarios que era abominada por el mismo Boylesve que la creía la peor de todas las suyas y que la odiaba por ser la favorita del público, un dato que nos señala cómo funcionaba la psicología del turenés, quien, sin duda, podría haber dedicado lo más suntuoso de su obra a la manera como un ilustre autor español que hizo proverbial lo de A la minoría, siempre. ¡No faltaba más!

Lisístrata

Sea concedido, pues, este primer largo párrafo precedente a la mayor gloria de esas Islas Borromeas que, siempre han estado presentes en mi memoria, desde que leí la novela de Boylesve. Estas islas perfumadas de las que él habló y de las que yo hablo ahora de carambola, son las tres del Lago Mayor (Italia) (isola Bella, isola Madre e isola Superiore) y estar frente a la ciudad de Stressa, en el Piamonte, prov. de Novara, pero nada tienen que ver con el impulso casi mecánico que me ha llevado a escribir este artículo. Porque, lo que de verdad me ha movido a ello ha sido otra isla, la de Lesbos o Mitilene por haber leído que las féminas de este lugar parece que no están contentas, y su problema me motiva. Lesbos o Mitilene, una isla del mar Egeo ya se sabe, fue célebre, en viejos tiempos, por una floración de poetas y filósofos, de los que, para no citar solamente a la más famosa cultivadora de versos y sentimientos, la llamada Safo, nombráremos asimismo aunque no sea más que a uno por no alargar la citación, a un contemporáneo suyo, Alceo, gran poeta según es fama, intrépido luchador contra tiranos (Pítaco y Myrsilo como representantes de un espécimen nunca ausente en ningún tiempo), poeta báquico y erótico para más señas pero de exiguo o nulo rastro). Pero la que de verdad interesa resaltar en este momento es a Safo. Pongo fecha a esta noticia proveniente de Lesbos y de sus mujeres porque tratándose de ellas nunca el asunto será baladí como no lo fue, recuérdese, cuando la célebre Lisístrata convocó a todas las mujeres para una situación prolongada de abstinencia sexual como exigencia sublime para alcanzar la paz, aunque bien lo sabe quien haya leído la famosa obra de Aristófanes lo poco que la pobre Lisístrata sabía del amor sangriento, el componente cruel como afrodisía, que hasta pudo proclamar en uno de sus parlamentos que no puede haber placer si hay violencia, apotegma hecho trizas no solamente por el sádico Sade (nunca mejor empleada la redundancia) sino por todos esos caballeretes que nutren la crónica negra diaria, piensan que la carne de las/sus mujeres está ahí para descuartizarla, para desjarretarla, para desmenuzarla, para que se ahorre el gasto en pintura y se tinten con su sangre las alcobas. Y decía lineas atrás que pongo fecha a esta noticia proveniente de Lesbos porque, desde hace algún tiempo pongo fecha a todo lo que escribo, un texto cualquiera, un artículo, una frase, una palabra, hasta un bostezo que no sé cómo se escribe, porque ya todos los días me parece que me serán grises con el palor de la muerte tan cercana, y lo que me pueda salir, de las mientes o de las entrañas, será, de todas formas, inevitablemente testamentario, y así, este día, 23 de julio de 2008, en el que me entero de que las mujeres de la isla de Lesbos se oponen a que las llamen lesbianas, y pienso que tienen razón nada más que porque me parece que saben navegar por las sirtes de la gramática, y según viejas reglas gramaticales al menos, creo yo que son, o deben ser llamadas, lesbosianas, que a esto se le llama simplemente coherencia gramatical.

Wittig y Zeig

De las islas todas, una de las más inmarcesibles, la poemática de Hólderlin. Pero a todo esto no nos hemos adentrado en el ser isla, que él lo supo siempre pero aún más en la torre junto al Neckar en la que le encerró su locura, porque. ¿en qué isla singular no habitan los locos? Cuando escribo esto, tengo a mi lado el Borrador para un diccionario de las amantes (Editorial Lumen, 1981), de Monique Wittig (autora de El opoponax y El cuerpo lesbiano) y Sande Zeig. En la entrada a Safo, parece como si hicieran una reverencia profunda ante la diosa, con página en blanco y punto negro a un lado, que, acaso sea preciso ser sáfica para dar con su significado. En cambio de las Islas, en general, nos dicen que Las amantes de la edad de gloria buscaron masivamente las islas. La mayoría prefirieron las islas donde la gran floresta higrófila es continua. Se trata del cinturón de islas que están a un lado y otro del ecuador. Y, en cuanto a Lesbos que según la opinión de todas, Lesbos es un lugar particular. Unas dicen que sólo las lesbianas frecuentan Lesbos. Otras son de la opinión de que todas las amantes van alguna vez. Las portadoras de fábulas dicen que también ellas van a Lesbos. Y, en cuanto a la entrada de lesbianas, aquí sí que se nos habla de la isla interior, o mejor, del desierto interior como me da por entender, que se nos dice que lesbiana es aquella que vive en un pueblo de amantes, aquella cuyo interés se dirige en primer término a sus amantes, aquella que siente un deseo violento por sus amantes, aquella que no vive en el desierto, que no está perdida. Como lo leo, lo cuento.

Estrellas

Allá por los tiempos del cometa, cuando la larga cola iba angustiando el alma de los pusilánimes que solamente saben mirar al cielo con amedrentamientos seculares, ya hablé de las estrellas, pero aquellas eran otras, es decir, las que vemos todas las noches de claridades celestes parpadeando con insistencia como queriendo decir algo a alguien, no se sabe nunca a quién, no se sabe nunca qué... Eran y son ésas, estrellas limítrofes de las ansias de eternidad de los que pueden ser tan ilusos que pueden pensar que su aventura humana no terminará en la tierra, madre tierra, cementerio iluminado por farolas de amor, florales ramos que el afecto humano inventó como vehículos de su sentimiento... Navega el dolor en neblinas como en ese valle que amanece en las mañanas de invierno entre algodones, y las estrellas permanecen todavía allí después de las noches al raso, serenas, estáticas, frías, tremendamente frías y distantes, inmunes a todo tipo de dolor, a todo tipo de sentimiento, borrachas un poco de su luminosidad autónoma y de su distancia, conscientes de que nadie llegará a perturbarlas y de que seguirán irradiando belleza y luz por los siglos de los siglos, amén...

Pero de otras estrellas me cabe hablar hoy, estrellas más cercanas al parecer pero quién sabe si no más distantes aún que las otras, estrellas paródicas, estrellas de luz prestada, astros y estrellas que se mueven en la elíptica absurda del cine con un movimiento de ondas sinusoidales según la película que logran interpretar, según qué focos les iluminan, según qué simpatías y adoraciones les rodean y les amamantan, según qué vientos de moda les confortan... Hablo de astros y estrellas tremendamente perecederos, de un ángulo de declinación sublime o así nos lo parecen, un ángulo tan obtuso que sus dos lineas se van abriendo de inquietante manera, rampas de caida vertical a medida que van cargándose del peso de los años...

Lo malo del cine, a mi parecer, es que nos coloca irremediablemente ante el espejo. Los espejos son tremendamente crueles y si le gustaban a Narciso sucedía así cuando era joven, cuando la carne se mantenía en arreboles en cuanto al color, en durezas en cuanto al tacto del músculo, en sedas en cuanto a caricias... Nada tan exquisitamente suave, ni las pieles de los angoras indolentes en los salones de luz tenue y de románticas músicas y susurros, ni los visones en la percha de las modelos por las pasarelas del cotilleo, que ese dulce temblor de pelusa en el brazo de una nínfula nabokoviana o en los-ambiguos promontorios de sus nalgas, o en esa mejilla en el que la sombra del melocotón acecha y se duele de superaciones irrestañables... Lo saben bien todas las estrellas del firmamento cinematográfico y caminan ellas por el trapecio del tiempo con paso quedo, la memoria enguatada y estuchada no sea que le dé por establecer comparaciones... El espejo puede ser un cuchillo cortante que les rasure el resuello y en llegando a la edad adulta, Narciso es ya una sombra fugitiva tan sólo, un corzo no tan ligero acaso que huye de los ribazos de los ríos en los que ya nada le queda por abrevar a su vanidad que también le huyó, pasajera de efímeras delicias únicamente... Nos duele vernos en el espejo cruel de la realidad y Narciso, cuando es consciente de que se le hunden sus carnes en los pozos del descaecimiento es solamente una bestia huidiza a quien le manan pesares madurados, pulpas de vanidad como reguero de sus cabalgadas fantasmas...

Es el dolor del cine que se hace observable desde la atalaya del tiempo, y el momento en que se empiezan a entender una serie de huidas, de aquellas de las más inteligentes posiblemente o quién sabe si de las más pagadas de sí mismas, pudor de la miseria de hoy comparada con las galas, relumbres y oropeles de antaño, migrañas

de la carne que empieza a tiritar de congojas de
varia procedencia, elegía de los ornamentos mar-
chitos que se obsesionan con el pasado y sienten
un especial repeluzno ante el futuro... Es desde
esta situación como se comprende a la divina
Greta escondiendo sus ojos detrás de unas gafas,
hurtando su rostro a las cámaras, retirándose al
quicio de las amistades particulares y posándose
en los lugares recónditos lejos de las alcándaras
públicas donde las faunas avícolas de la autopu-
blicidad gustan de exhibirse. Cuando, por ejemplo, llega la ocasión de que de algún festival
remoto los inviten, la actriz o el actor en cuestión
pueden excusarse alegando un accidente cualquiera, aunque sea doméstico, que los más suspi-
caces ya nos iremos imaginando sus carnes
teñidas ya con el livor de las decadencias insuperables, la tez manchada por los tatuajes del
tiempo y que ninguna maquilladora terminará de
disimularlos, las manos sarmentosas como con
dedos de enterrado y engarfiados como queriendo apresar las hilaturas del tiempo, los pies
como arrastrados por la falta de fuerza en los
goznes de la rodilla, la mirada extraviada hacia el
infinito que, puede ser que hasta casualmente,
casi siempre estará fijado hacia el noroeste, el
lugar de las calamidades genéticas y de los cata-

clismos meteorológicos, allá por donde barruntamos algunos, no sabemos por qué indicios inexplicables, que acaso tenga su morada esa entidad incomprensible de quien tantas cosas cuentan y que tiene unos gustos tan originales que, por muchas investigaciones y aproximaciones no llegamos a entenderlos...

Lo malo del cine, contemplado ya desde esta edad de privilegio y de derrota al mismo tiempo, a través de los miles de imágenes que nos cabalgan por el recuerdo, es que nos sirve ya, casi únicamente, para darnos cuenta de la fugacidad del tiempo, oh marcha imparable de los fluidos fluviales hacia la mar que es el morir en versión manriqueña... Lo malo del cine es que nos damos cuenta ahora, desde la distancia de lo recorrido que tan largo pudo parecernos y tan breve fue, cómo el tiempo es una especie de revisor de un tren en marcha que a nadie deja sin pagar su billetaje, estaciones que(ni tiempo tuvimos de contemplar tan nimia fue la parada, paisajes que se nos despeñan apretándose unos contra otros en los anaqueles del recuerdo, rostros de astros y estrellas que fuimos viéndolos contorsionándose, distorsionándose, viendo como el aleve punzón de los días iba sembrando en ellos sus gérmenes de arrugas, haciendo que la seda de las caras, de las manos, de los cuellos se fuese tornando en papel arrugado y quebradizo que a estas mutaciones calamitosas está forzada y condenada la condición humana...

De ríos y montes

Es decir, de juventud y de ancianidad. O, de caimanes y buitres. Sigue el río Bidasoa, como hambriento caimán, tragándose a incautos africanos que en sus ansias de mejorar sus modos de vida no se dan cuenta de los Peligros mortales que sus aguas arrastran desde una cierta distancia hasta su desembocadura. Agrava el peligro de ese pase de orilla a orilla el supino desconocimiento de los que, más o menos animosos pero siempre insuficientemente conocedores de las mortales ondas acuosas, se lanzan a nadar en ese tan peligroso hervor líquido y, como era de temer, muchos de ellos pierden su vida en ese empeño.

En realidad, si nos ponemos a analizar ese acto de tragedia fronteriza, lo que hace falta es advertir a los tales africanos que en los lugares que ellos más escogen, esas aguas resultan ser mortales en tantísimos casos pues que una vez que hubieren bajado por el nudo de Endarlaza se mutaron en asesinas, lugar ése que, en nuestra memoria niña presenta un bastante largo camino bordeado por muy prietas garitas en inolvidable imagen. Lo que pasa es que ahí, en ese algo más arriba, es con otra baraja con la que se juega y que, aun sin entregarnos tampoco a los ensueños de la lírica, pudiéramos entonar cantos bienquistos a caravanas de gitanos tan a su solaz durmientes o entregados a juegos familiares como pudieran observarse en tantas pinturas de tantos pinceles que se inspiraron en esos ribazos de absoluta paz musicados por el fluir de sus corrientes –digamos, por un decir, a pintores de su numen favorito como Bienabe Artía (1899-1987)– que, de ponernos a citar unos cuantos más, no tuviéramos espacio suficiente, que nos quedarían por contar unas cuantas mil historias más que bien sabemos de ellas los que muy de niños, y luego aún más, tanto tuvimos que ver con ese río desde que, en un su abrazo con su compañero en el rictus de Mugaire nos fue su ribera solaz de patio y recreo allá por los diez años de nuestra vida, la ruta desde Oronoz-Mugaire por la carretera prieta y como peripecia a lo largo de los distintos lugares y pueblos; muchas, muchísimas historias que se nos despliegan a manera de camino acuoso recorriendo los territorios de Bertizarana y que fueron lugares de recreo los colocados como puzzle por pueblos como Narvarte, Santesteban y hasta Sumbilla en ocasiones en las tardes de jueves y domingos, y a añadir a todo este maremagnum de recuerdos los episodios correspondientes al tren chiquito o a la

Baztanesa según el caso, las historias que nos fue contando el incansable Jaun de Alzate, etc, etc., que es quizás aquí donde pudiéramos ejercitar algo como un réquiem de vida a todo lo que se nos fue y ya nada nos queda sino es este tampón de la jubilación que nos marca otros linderos muy distintos, la pugna entre infancia y vejez remando en las mismas aguas pese a la advertencia de Heráclito, que para hablar de todo ello conviniera acaso cerrar su venero y los ojos a fuer de avestruz que nada quisiera saber de tantos reveses en nuestra vida e ir no viendo tantas peripecias c males sino todo lo contrario añorar aquel otro río)–aunque no fuera cosa que este mismo– como fue el que recorrió y sigue recorriendo en otros trazos y trozos en espacios de caudales por lugares nemorosos que según sus raíces y sus senderos, marchas y contramarchas, procedencias y destinos a los que la palabra "jubilar" nos conduce su variado menú de ofertas desde su infinitivo puesto al viento solano y mientras más o menos bien o no tanto nos asista bien que en metonimias como en semánticas y metáforas.

Para mejor cerciorarnos de lo ocurrido, nada tan práctico como ponerse a manejar un diccionario y ponerse a leer tantos términos en jov y en jub (que dentro de la jovialidad de ánimo pueden encontrarse joyas, pero también situaciones tan jorobantes aunque, en definitiva, mejor sería que dedicásemos nuestra atención a las jornadas y jornaleros que dejaron de trabajar y según quiénes encontraron o no lugar en su descanso que, de improviso, me da por dar un rápido golpe al timón de la vida y sustituir ríos de juventud por montuosas alturas planeadas por buitres que es así como se me presenta la edad de la vejez, no sin olvidarme, ya que ahora de buitres hablo, de aquellos de los que dejó escrito Plutarco (46-120), en su semblanza de Rómulo, que "de todos los animales, precisamente es el buitre el menos dañino, pues no tocan nada de lo que los hombres siembran, plantan o apacientan y se alimentan sólo de cuerpos muertos, y que se dice que no mata ni aún ofende a nada que tiene aliento, y a las aves, por conformidad, ni aun estando muertas se acerca, mientras que cuando las águilas, las lechuzas y los gavilanes acometen y matan a las aves de su propia especie, que pasa que, a pesar de lo que dice Esquilo: ¿cómo puede ser pura un ave que se alimenta de otra ave?"...

Cada tiempo que pasa, lo que se va viendo, como contrapartida acaso, es la presencia de una más alta longevidad que, obviando memorias de ríos y montes también ofrece sus problemas a los que haya que asenderear sus caminos tan nuevos pues que, pese al ejemplo patriarcal, en el viejo tiempo cercano, la humanidad no había cogido aún la mala costumbre de morirnos tan de viejos, como ahora sucede.

Recital

En cierto modo, los viejos recitales, como los viejos muros, aún persisten. Bien es que algunos van cayendo más o menos lentamente, pero la sombra de las grandes instituciones aún acecha. Mientras las viejas catedrales aguantan a pie firme y aún más se endurecen sus basamentos y sus proyecciones espirituales y hasta materiales, el alto contenido de las doctrinas parece como si fuera cediendo. Por un ejemplo, si un Papa (Juan Pablo II), firmó (se supone que no en barbecho, que eso no estaría en consonancia con tan alto magisterio) lo de la ubicación real del averno, a continuación, a otro de igual rango (Benedicto XVI), le tocó pronunciarse sobre el limbo, mientras que ahora el campo de juego del debate se traslada al purgatorio, que ha tenido siempre una como ala de nostalgia para mí, no en vano en edad niña, veía colgado en pared inolvidable de mi casa, aquella imagen de Catalina Labouré y su Medalla Milagrosa, pasaporte indeclinable para acceder a los goces del empíreo. Y si, de lo sagrado pasamos a lo profano, las orgías del Cavaliere que tanto están dando que hablar estos últimos días, no han revelado nada nuevo, ya que las orgías, y más aún, las romanas, las cesáreas y de triclinios, proceden de la más acrisolada tradición histórica, en línea recta desde Sardanápalo hasta nuestros días, pasando por épocas jubilares como las del clasicismo heleno. A todo esto, un capuchino, el padre Ksawery (que tanto me huele a Javier sintonizado con Polonia) Knotz, nos mostraba lo que podría ser el Kamasutra católico, un artefacto lleno de ideas y costumbres que nos hubiera hecho ilusión a otra edad, qué duda cabe, pero ya ahora.

El rapsoda. De todas formas, lo que me subsiste y creo que me subsistirá siempre es el recitado, esa práctica de glosa y secuela de la poesía. ¿Sirve la poesía para otra cosa que para el recitado? Y recuerdo, al hacerme esta pregunta, a aquel rapsoda errante, rapsoda vergonzante también si así os place, que iba por los colegios descargando su manantial memorístico de poemas, un almacén inexhausto de quien se dejó anegar por ondas de rimas y ritmos, de pensamientos y sentimientos, nave sacudida por barloventos y sotaventos enrachados, estática (¿y por que no extática también?) la proa hacia el vivir tan duro y que, mereció del profesor de química (lo estoy oyendo en frase y tono que nunca se me olvidará), aquella frase de desprecio hacia el engusanado sujeto que sería para él, alquimista de fórmulas mágicas a nivel de infancia, las andanzas de tal sujeto: "Parece mentira que le guste tanto hacer de payaso", con lo que de golpe, como de un salivazo, se cargaba no sólo el mester de juglaría de todos los tiempos sino que, también, el otro mester tan digno aunque vestido fuera de hopalandas circenses, que es como decir de Charlie Rivel hasta Zampabollos. O morir, o recitar. Estaba yo aquí, más o menos como siempre, víspera del Día del Asaeteado, cuando me acordé, ¡benditas sean las musas de la memoria oportuna!, que al día siguiente, coincidencia paradójica, justamente me tocaba la resonancia. De por sí, ya era el día de la resonancia en la calle, en los barrios, en las calles, en los hogares, todos los lugares resonando, en todos los lugares tabaleando, las huestes de los tamborreros, cocineros, alabarderos, morrioneros, inundando las calles, charangas, comparsas, bandas, etc., desbordando cauces ciudadanos ad maiorem civitatis gloriam (que no sé cómo me ha salido este latinajo cuasi jesuítico enredándoseme el genitivo huidizo por las branquias del desuso.) ¡Ay, aquellos motetes, aquellos trenos, aquellas salmodias del ritual tridentino suficientemente válido por sí solo para metamorfosis de conversos, los ámbitos eclesiásticos inenarrablemente musicales, gloriosos o tremebundos según, melifluos o más bien acres como se tercie, que, si a la hora de la última pasarela, la de Caronte remando por la Estigia, según algunos va viéndose un largo túnel, una luz que viene por la remota boca a abducirnos en su plenitud, la magnificencia divina como trépano por los ojos, otros homínidos soñamos en pneumas, dísticos y spondeos, etc., como carruaje a las avenidas del Olimpo.

El pontocerebeloso. Resonantes, pues, las calles, me siento a mi vez como fugitivo. Quizás por algo más que por un brote de misantropía siempre he rehuido los más o menos compactos grupos de personas, y me he sumado a la inmensa cohorte de los que huyen, en mi caso sabiendo bien por qué. Condenado a rendir visita con mi cráneo desnudo al ángulo Pontocerebeloso, descubro que la poesía puede ser un buen coadjutor en trances de angustia como lo constato, cuando adentrado en el adminículo, el cuerpo como yerto en decúbito supino, la cabeza como en fórceps pero en dimensiones naturales bien encajado, comienza el bombardeo de los proyectiles ruidosos.

Desde aquí, desde el reino del ruido que adopta su varia capacidad para expandirse, los sonidos de la calle, todavía con varias horas por delante para ir dando al tabaleo, no vencida aún la pasión por los palillos, por el eco retumbante, el ruido como aliño de la festividad, parece como de juego, una simpleza. Desde el centro del reino del ruido, la víctima acoquinada sueña en su libertad, en su heroicidad de superviviente. La memoria sigue barbotando versos. O morir, o recitar. Eso es todo.

Las terrazas

Hay momentos fundamentales en la Historia de las Civilizaciones, y entre ellos pudieran estar, vg. la batalla de Lepanto, la Caida del Muro, el Concierto del U2, o la noticia de que Victoria Beckham nunca ha leído un libro, cosa que es para dar envidia, porque la virginidad, dígase lo que se quiera, es como un bombón relleno que se va desliendo en la boca en espera del momento sublime, ése en el que hemos llegado a la frontera del relleno y entramos en contacto con el secreto encerrado, su sancta santorum, su derrame de delicias y cuando más se haga esperar ese momento la carga de adrenalina va en aumento y la imaginación es como un globo rojo que va ascendiendo hacia los cielos. Hay personas que nacieron con la flor, no digamos que dónde, que salva sea la parte, pero añadiría que su felicidad se multiplica por cada miles de autores prodigiosos que esperan a que sus ojos se posen en sus escritos, que ya dijo don Pio que le hubiera gustado no haber leído a Dostoievski para tener el placer de leerle por primera vez. Pero, además de la noticia de la virginidad lectoral de doña Victoria (que es de ámbito mundial), en el pequeño habitat local en donde nos movemos, también nos acosan acontecimientos memorables, cosas que, naturalmente, tienen que ver con la mutación de las costumbres, y entre ellos cabría señalar el desafuero de las murgas con las que se nos golpea extremadamente duro a muchos ciudadanos. Contemos, por un ejemplo, el caso de las terrazas urbanas, ésas que bares y cafeterías las extienden ante sus locales para que el ciudadano descanse de sus andares por calles y paseos y entable conversación con algún espécimen congruo a su pensamiento en una grata, razonable, descansada y reposada charla, que será así hasta que la terrible y temible murga, como bicha inoportuna, nos asalte con su música insoportable, como, en tal caso, lo será toda música. Quien ha vivido seguramente más años de los necesarios sabe, por experiencia, que siempre llegará a cumplirse, inevitablemente, la ley de Murphy, cuya regla de oro nos dice que todo puede ir a peor, que puede ser asentada por la primera ley de Chisholin, que nos revela que cuando las cosas vayan bien, algo habrá que haga que vaya mal, que en esta selva en que se convierte de facto la ciudad en el momento menos pensado, puede ser, por un ejemplo, esa bicicleta tan favorecida por pragmáticas urbanas destiladas en la Casa Consistorial que, en determinado momento y con la pluralidad espacial que ha conquistado, es un arma cargada de desfachatez y petulancia, reforzada, si a mano viene, por toda la tribu familiar rodante que nos hará temer por la integridad de nuestros senescentes huesos, o esa armónica falta de armonía, ese acordeón asmático para el que mi voluntad al menos no guarda las líricas resonancias que algunos autores le han dedicado, como don Pío (otra vez), por ejemplo, a la musiquilla del puerto en sus expectoraciones soliloquiales paradoxianas, que habría que verle al de Itzea, tan afín a sobremesas y tertulias, si se viera acogotado, como tantas veces nos vemos algunos, a ser interrumpidos por improvisados músicos callejeros que inficionan nuestros plácidos descansos. La musicomanía imperante en estos calamitosos tiempos del siglo en el que vegetamos hace que tengan patente de corso y hayan inventado una nueva modalidad de la mendicancia que consiste en torturarnos primero con chirriantes melopeas antes de pasar el platillo con lo que se cumple el programa de la bien jodida dama,/de la que, además del cuerpo,/ tiene que poner la cama. Una, no sé si tan nueva, forma de tortura ciudadana que nos hace pensar (superarla sería imposible), a la de la vieja estirpe de los ochotes, los del chissss, chissss en los ban-

quetes más o menos oficiales en cuyos interme-
dios programaban su actuación y hacían callar
cualquier conato de comunicación oral para que
su exclusividad nunca se pusiera en entredicho.
Los nuevos mendicantes, musicólogos empeder-
nidos en contra del sentir divino que no quiso re-
galarles el don de las fusas y semifusas, cubren
con sus ramplonas creaciones pretendidamente
melodiosas el ambiente de la terraza que parece
como si una losa se hubiera cerrado sobre nuestras cabezas ante lo cual, lo único que nos queda
por hacer, o lo único que se nos ocurre, ahora ya
musicalmente hablando, es recordar a Bach en su
virtuosismo de la fuga.

Por lo que tengo leído –en autores como Bro-
nislaw Geremek, Juan Antonio Gaya Ñuño y
Juan Garmendia Larrañaga, que cada uno en su
demarcación forman la trinidad indiscutible del
patriarcado mendicante en el terreno de las crónicas históricas de esa numerosa tribu– ese
mundo de la mendicidad sonora es muy extenso.
Leerles a estos próceres historiadores de la mendicidad, tanto de la sonora como de la del solilo-
quio inaudible, resulta ser (espiritualmente,
sentimentalmente, evocativamente...), un placer
oximorónico, algo que tiene que ver, supongo,
con el sadismo y con el masoquismo a la vez, una

fricción del corazón con las meninges, de la con-
miseración con la curiosidad, de la caridad con el
egoísmo. Y, con ellos, cada vez que el mundo de
la gallofería se me asoma a las mientes o a los
puntos de la pluma, no deja de cruzárseme, al
mismo tiempo que las cortes de los milagros varias, con inclusión de los Rabelais, Pérez Galdós
y su turbamulta de personajes misericordiosos, de
Valle Inclán y sus mendicantes gallegos que van
de feria en feria, con más de un punto de dislo-
cación en algún que otro caso como en el peregrino que embaucó a Adega, todos esos mundos
recogidos desde la literatura que son extensísi-
mos, que eso cabe decir, en mayor medida quizá,
del mendicante en singular y de la literatura picaresca en general, viejas fantasmagorías que me
vuelven ahora casi en pesadilla en esta ciudad des-
plumada, no de indigentes sino al contrario; sí de
terrazas, que se queda uno mano en mejilla recordando y preguntándome por aquellas terrazas do-
nostiarras de antaño que, al igual que las nieves
rabelesianas, ¿dó están, a dó se fueron?, que mi
memoria de niño, de púber, de joven, y hasta de
maduro, no puede por menos de recordarlas,
desde la Avenida antonomásica repleta de ellas,
hasta el Boulevard, con ramificaciones por todos
sus aledaños.

Las ciudades como ésta, provincianas, un mucho entregadas a su sosiego se adornan con el afeite de las terrazas, prestancia de gentes ociosas que saben que el vivir es apurar ese café en compañía de amigos que hablan de cualquier cosa, de esa noticia que esa mañana ocupó los titulares de todos los periódicos, por ejemplo; del acontecer del día como hogaza reciente, trato, convivencia, amistad, paisanaje. Que eran así, y ya no son así las terrazas: que vino la murga y ya no se atreve uno a sentarse en ninguna de ellas. Que me pregunto, y no sé responderme, qué nos pudiera decir Geremek de este fenómeno; qué, Gaya Ñufio; qué, Garmendia Larrañaga...

Amor

Las historias de amor, muchas veces tan deliciosamente románticas, tan exquisitas en su pergenio y en su estructura, tan deliciosamente ñoñas también que nos llegan por ósmosis a las tontas texturas del corazón, suelen tener, a veces, sinuosidades o curvas peligrosas, un espanto de monstruos ululando en las avenidas del horror, remedos que imaginamos que pudieran ser roncos gritos de gárgolas que desembocan en el ocre mar del patetismo, tanto como en el amago de engendros. Juega en el amor la baraja de los contrasentidos como todo en la vida, y junto a la candidez, la inocencia, el acendro de un sentimiento de imputrescibles raíces, puede surgir ese otro aspecto suyo que, ahilándose más en su pureza destella, sin embargo, en horror admirable, de tal manera se produce la variedad de sus contrasentidos.

Jules Michelet (1798-1874) quien además de sus varias obras históricas escribió también sobre aspectos y costumbres sociales múltiples, pasa por ser el autor de un delirio de visión por un texto incluido en su L'Amour, donde revela que se convirtió en visionario al admirar unas ilustraciones librescas, entre ellas la de la matriz de una mujer, crisol de la vida, razón de la exultación del hijo ante la madre, pozo de misterio, fanal que alumbra el fondo del manantial, aguas que irrumpen de no se sabe donde hacia los meandros de la vida, y ante la que se exalta y prorrumpe en jubilosos tonos, se prosterna adorador ferviente, y escribe que, gracias a esa ilustración, el amor se ha hecho visible y asimismo las ternuras y las caricias filiomaternas. Es decir, todo un rescate desde el mundo suprasensible, el sentimiento y la conciencia, al sensible, al real, al carnal, a la grafía artística. La lección por la que el amor se colorea y se visualiza, estrías de rosados tenues que se intensifican como colas espermáticas que facilitaran la translación entreverados por azules, por verdes, por blancos cándidos de inocencia neta que conducen a una visión translúcida del amor, que uno llega a preguntarse, alucinado, de qué coloridos del espectro solar se compone el amor, es decir, qué colores, qué tonalidades, qué gamas, qué matices, qué irisaciones pueden contemplarse en esa imaginaria entidad, pero que sí existe y no hay duda de que existe y es posible colorearlo.

Se me recordaba hace pocos días y como rescate del mundo de las suposiciones verificado por Michelet la historia de un episodio ocurrido entre

entre un anciano de 86 años que mató a su esposa de 83, enferma de Alzheimer y de demencia senil, por no verla sufrir, que parece justificada razón de amor para un acto de eutanasia, torpes manos de anciano apretando la querida garganta, un indecible dolor de ancianidad, lágrimas, moquillo, grititos inarticulados, la tráquea que se quiebra, se obtura, la tragedia se viste de muerte amorosa y deja sobre la cama la estampa viva de un amor en consunción que se agiganta, como si desde el seno de la misma carne muerta se alzara el fantasma de una resurrección honda, un poemático amor que resucita, que se alza ciclópeo y renacen los recuerdos por la pantalla de las evocaciones, todos los momentos de amor agrupados en esta estatua de cenizas que, si se desmoronaron con el tiempo, lo hicieron no obstante guardando su especie de capacidad de erección semejante a una fálica, que uno empieza a recordar anales de ancianidad, no diré ya de aquel ilustre orador romano que vino a hablarnos de ancianidad a sus cincuenta y pico, y el aún más convincente (aunque no sé si del todo y según en lo que se va leyendo) de Norberto Bobbio, que la ancianidad tiene varios retratos, hasta lisonjeado en algún caso pero con rasgos de airada incontención en otros.

Aquel escritor portugués a quien leí en mi juventud, Camillo Castello-Branco (1825-1890), vizconde de Correia-Botelho, de tumultuosa y acerba vida propicia a cárceles y enfermedades tan ácidas como la ceguera, a todo lo cual dió fin con un compasivo disparo en la sien, era, sobra decirlo, experto en amores y dos títulos al menos, que los recuerdo con agradecida memoria de lector, son citas de amor que me flamean inolvidables, es decir, "Amor de perdición" el uno, y "Amor de salvación" el otro, cara y cruz, haz y envés de un dolor y gozo insoportable y tan indehiscible de las entretelas, sin embargo.

Pero uno de los amores más retorcidos en sus propios segmentos estranguladores fue contado por aquel otro suicida, el vienés Zweig que encontró no se sabe si la paz o el descanso o ese pozo de olvido con el que todos soñamos, en la prometedora Brasilia ante una feraz promesa de país para un corazón que vivía letales arritmias de un fugitivo de la vida ansioso de abrazarse a la muerte, que dejó contado el tal Zweig, en su novela, "La piedad peligrosa", la conquista amorosa de Edith Kekesfalva por el teniente Hofmiller, que entra en la categoría del superesguince maldito y por el que se sabe cómo el teniente Hoffmiller tendría conciencia magnificada de su canallada en el último momento, en aquel concierto en la Opera de Viena en la representación del "Orfeo" de Gluck, al término de la obertura y cuando los rezagados, por concesión especial, iban ocupando sus sitios en la oscuridad, que los peligros de un amor de piedad, que pueden volver canallesco a un hombre o elevarle a la región angélica, se fundió en esa proximidad de dos asientos, similar en horror a aquel trance del que nos contó Graham Greene en un breve relato del asesino con el que convivió durante la sesión de proyección de un filme, ahora Hoffmiller sintiendo el trépano de su conciencia fundiéndose y rehuyendo, codo con codo al único hombre que sabía todo sobre su canallada, de por qué Edith Kekesfalva se había arrojado al vacío desde la azotea, bajo la cual se la habia encontrado con vida aún y cuya piedad no había sido, como la de Hoffmiller, una debilidad asesina, sino que había mostrado y demostrado, abnegación y amor, lo que le permitía seguir la creación musical de Gluck mientras Hoffmiller buscaba la huida nada más concluir el primer acto aprovechando las vías de escape de la oscuridad.

Volviendo al octogenario de Barcelona, ¿pudieron sentir sus manos sobre la garganta de su esposa los pétalos de la piedad divina? Las manos

65

de Dios, como lo suponen los que en Él creen, son fuertes y nos ahogan sin piedad cuando llega la hora; nunca contemplaron los ojos de Dios la miseria del perdón ni el horror ni el temor de la muerte, nunca contemplaron más que la hora en reloj de sol, un día y otro día marcando el reloj de sol sus caminos y sus cansancios, que habla Pessoa de una aproximación hacia Dios como forma de anegarse en Él: "Cuanto más sienta, cuanto más sienta como varias personas" (...), cuanto más simultáneamente sintiera con todas ellas, (...) más análogo será a Dios, sea él quien fuere, que ya todo quedó dicho al principio, no más del verso, de la estrofa totalizadora, del título: Al final, la mejor manera de viajar es sentir, que qué hondo latido de amor dolorido, de amor perforado por mil dolores insoportables no sintió el anciano asesino por amor apretando, asesinamente apretando, enamoradamente apretando la garganta de su amada compañera...

De libros y su Fiesta

El cuarto de baño, lo sabemos todos los ancianos, es nuestro potro de tortura doméstico. En muchos casos, nuestro cadalso. Sabemos que, si antes no nos lleva una neumonía pereceremos no sólo en sus aguas sino también en sus cantos de esquinas, en sus navajas, alfanjes, armas punzantes, herramientas de tajar y majar carnes de heroicos adoradores del aseo, agresiones de todo tipo para los que olvidaron las más elementales reglas de la propia defensa. Para mejor saberlo hay que esperar hasta los noventa y tantos, la vista perdida en los frunces del centenario, esa cima del calendario más agraz donde figuran el Alpe d'Huez o el Mortirolo de los que nacimos para ser triturados por los años, las enfermedades, las lacras todas, y que ahora se nos hace recordar de manera tan especial como florón frutal de la pandemia para que nos rompa algún hueso y nos haga evocar, como viáticos estorbosos de las aceras a las sillas de ruedas, la memoria de los pasos bípedos perdidos en el viejo tiempo pasado en el que el salto o el brinco se llamaba retozo rimando con alborozo y toda su gracia de caricia alacre y placentera).

Una edad, en suma, cuya inquina más principal como joya que guarda en sus dentros el veneno pusilánime, nos deje frente al escalofrío y sin remedio y sin el rescoldo de la esperanza y tiritando en una especie de estertor como de rasgueo de araña que nos recorre rápido el espinazo, que nos deja babeantes y con la mirada perdida en el infinito, las parpadeantes estrellas ya no en galaxias lejanas sino penetradas en nuestros propios alvéolos oculares; un desencanto total como cuando el saltador de altura fracasado que no ha podido salvar el listón, sabrá, en cambio, qué agravios residen en la avinagrada mixtura del fracaso cuando, sobre el extendido parachoques de blanduras para preservar su cuerpo se ha dado cuenta de su traspié y se encuentra desplomado, con la ceja abierta por la esquina del bidé, la mano tan rugosa y fría pescando pesadillas en la taza, todas las luces de la polivalente pantalla rutilando no se sabe si en vivas o lamentos al tan esperado suceso que, dando la espalda a la vida, ya pasa definitivamente la frontera.

Pero nada o poco tienen que ver estos daños de baños con otros u otro del que ahora doy noticia. En casos como describía Jean-Philippe Toussaint en su "El cuarto de baño" (Anagrama, 1987) y escogiese su protagonista, un joven de 28 años, ése su cuarto de baño (o aún mejor la sola bañera), como lugar de meditación, como salón de vida, como recibidor de todo tipo de adherencias externas, en primer lugar de Edmonson que le visitaba gozosamente (para ambos) día sí y al otro también hasta convertir en algo mítico el lugar, la leyenda del cuarto de baño tan "table ronde" como el de Arturo y su Reino de Caballeros, aquí para tan solo dos. Ahora, con la Fiesta Anual del Libro encima, me da en acordarme de aquel personaje que nació apegado al adjetivo de mixtificador que le puso su creador y que se llamaba Silvestre Paradox que, de vuelta de sus correrías por las librerías de viejo, de regreso a casa y sin poder abrir del todo la puerta por estar atrancada por dentro de libros, terne sin embargo en su manía de libroadicto sin remedio, establecía comunicación por medio de un trabajosamente conseguido resquicio y trasvasaba por él los libros últimamente adquiridos, que es ésa, precisamente, la imagen que se me desvelaba, de manera casual y providencial quisiera creer, cuando cayó en mis manos estos días, un viejo libro escrito por Jean Jacques Brousson y traducido por Margarita Nelken titulado "Anatole France en zapatillas" (Biblioteca Nueva, 1925), que me hizo recordar, como flecha que diera en la diana, aquel otro de intimidades y confidencias y anécdotas que Léon Gozlan, como secretario personal de Honoré de Balzac, publicó en 1856 bajo el título de Balzac en pantoufles (vertido al castellano por José Casán Herrera, "Balzac en zapatillas" (Planeta, 1991).

Pues cuéntase en él una costumbre de Anatole France que es posible que solamente la puede entender, supongo, quien haya tenido que lidiar con libros de forma abochornante: bosques de libros que avanzan y nada quieren saber de las angustias humanas de quien los compró, algunas veces hasta con parecido espíritu de caridad de Anatole France, que, en otro lugar del mismo libro (pag. 97), explica por qué compraba libros que no podía leer, que dice que si he de serle franco, en mis compras entra cierta caridad. (...) Yo redimo por muy poco precio –cincuenta céntimos o un franco– a gentes de bien caídas en el oprobio de los cajones, que tampoco es una acción tan desinteresada ya que nos informa a continuación que yo espero que un día algún escritor, henchido de probidad y de desprecio para su tiempo, me tenderá el socorro de su mano cuando me vea yacente en uno de esos féretros de pino y de latón, expuesto a la lluvia, a las intemperies, que es una otra forma de ver los puestos de los boukinistas del Sena, que hacían que Anatole France pensase en su cuarto de baño harto bonito y práctico y en el cual es imposible bañarse (...) que sirve para los libros con que se me agobia y, cuando está lleno, viene un librero de viejo y lo vacía...

Toro

A toro pasado, los torerillos de salón se escoran hacia la geometría, no a la euclidiana ni a la resolución de las áreas de polígonos u otras figuras que, en definitiva, y al margen de lo que quiso sugerir Pepe Hillo, la figura más definitiva en el toreo es la de la corona circular, pasando el toro en círculos concéntricos como aros móviles de hula-hoop en torno a la zona estática donde el diestro ejerce su profesión de maestro aunque antes, en la capilla, habrá ido conjurando ante la imagen de los milagros, la pesadilla de la otra corona, la de las flores, la que adornará su féretro cuando la larga hilera de los coches fúnebres enfile el camino hacia los cipreses; el paisaje atónito e inmóvil asistiendo a la marcha, un milano oteando desde la altura su hipotética presa, grávidos los diarios de necrológicas hinchadas, paz y silencio sobre la dehesa. Los torerillos de salón, antes de desembocar en la arena que es su punto límite y en donde se asienta la verdad, sueñan con la gloria de los volúmenes puros y por ahí debe andar la sombra de un escultor de tendencias místicas o de despojamientos carnales como Giacometti (un hombre como un nudo de divieso que se aprieta y se alarga en el espacio), aunque el toro pida, para sí mismo, una figura de reciedumbre, de los totems a estilo Henry Moore, por ejemplo. A toro pasado, como sucede ahora que en Illumbe no queda ninguno que se fueron todos por la escotilla del tiempo de la Semana Grande desmenuzada, queda sí, todavía, como la estela de sus pasos, fantasmas híbridos con brazos de toreros frustrados que no pudieron alcanzar orejas peludas como galardones aúreos.

El léxico

Confieso que, ante los toros, siempre he sido víctima de contradicciones y perversiones. Perversión morrocotuda, por ejemplo, de preferir las crónicas periodísticas a las faenas sobre la arena, el maestro cronista desarrollando su magia de palabras como un capote que tiembla al viento de cualquier metáfora, los remoquetes o apodos que se colocan como pins sobre el nombre oficial o real y se arrastran desde las capeas de los pueblos bárbaros y las tardes de sol en las que se perpetran atrocidades de bestias más bestias que los mismos cornúpetas con las vaquillas que saben más que Lepe pero que, a pesar de todo, es imposible librarse de los fementidos canallas cobardes que solamente tienen agallas para saciar sus impotencias sobre los más humildes y los más débiles, el léxico sutil y esotérico utilizado en las descripciones de las estampas de los toros, una gama de cromatismos, de imágenes, de peculiaridades que no se sabe de qué manera encontraron su lugar, un diccionario de exquisitas protuberancias y oquedades que es como el latín de los ortodoxos en los rituales de la tauromaquia, que nada existe si no se viste con palabras, que debajo de éstas no existe nada casi nunca, que el secreto definitivo del hombre invisible es que no ha existido nunca si no es la venda que le envuelve.

La encarnación

Mi perversión y mi contradicción ante los toros, consiste, tantas veces, en ponerme en el lugar del toro. No a la manera del trianero aquel que toreaba desnudo en el campo de Tablada (Chaves-Nogales scripsit) y que se metía en el terreno del cornúpeta a ver quién quitaba a quién, sino de otra manera menos espectacular, bajando al sesgo como un fantasma pero penetrando hondo, colocándome debajo de la piel de la bestia. Mi perversión consiste en no poder librarme de aquel diálogo de dos vacas aquella tarde en la que eran toreados sus hijos y que yo leí en el libro de un humorista trágico y que me pesa siempre en la conciencia. Esa es otra contradicción que siempre tiene lugar. No se concibe nunca a un humorista si no nos viene revirado en pesimismos, en tragedias. Si estuviera en la plaza (que nunca creo que estaré, nunca), me notaría cómo abandonaba mi envoltura corporal y como una especie de alienígena, me sentiría bajar a encarnarme en el toro, miraría hacia la barrera, hacia los tendidos, hacia las gradas y vería el esplendor que mata.

El esplendor

Sé que el esplendor es, también, otro fantasma de crueldad insuperable. Igualmente un toro pasado y que al pasado pertenece y al que no cabe torear de capa. Ni de muleta. Ni admite puyazos ni rehiletes.

Se zafa del estoque y de la cruceta que quedan desplomados sobre la arena y, naturalmente, puede eludir a las mulillas que se quedan sin saber de quién tirar y hacia dónde, una incógnita en la arena que ya es como un desierto rodeado de placenteros oasis, las aguas del murmullo, el clarín que suena, la fiesta que comienza.

El esplendor florece como un ente mágico en todas las plazas a poco que se intente vigorizarlo, un poco de música que los pasodobles suenan como interpretados por orquestas de ángeles, la alegría como una emanación eólica y que está presente en toda fiesta de toros, una dinámica de gentes, el mujerío en sazón como una fruta madurada que se abre, el colorido ubérrimo, el puro en boqueadas... Sé que el esplendor me sabrá siempre a sabor de viejo tiempo como cuando se saborea la madalena proustiana, tardes colocadas en el quicio de la incomprensión de no entender lo que tantos parecían comprenderlo, una bestia que era el otro esplendor que amanecía desde los chiqueros, saludado a porta gayola acaso por el osado abanico de un mozo con sed de ambiciones y de aplausos, una bestia espléndida que iba derramando belleza a su paso como son todas aquellas que rompen la arena de la tarde con su carrera gloriosa, su trote épico, su lomo de portaestandarte, pero mi otro fantasma, aquel que se quedara quieto en el asiento del tendido suavizado por una almohadilla o en el sofá casero enfrentado a la pantalla pequeña, conecta con los ojos de la víctima.

Los ojos

Mirar a los ojos de un animal es hundirse en su fondo, légamos de hermandad de la carne, flor de incendios íntimos. En los fondos de los ojos de la bestia es posible encontrar al hermano perdido. No leais nunca en los ojos de nadie que es el peor texto para intentar vivir en libertad, no leais nunca ni siquiera en los ojos de la bestia. Es el texto maldito que ningún lector prudente debe hojear. Se quejaba Amado Nervo de haber leído el Kempis (*¡Oh, Kempis, Kempis, asceta yermo, pálido asceta, qué mal me hiciste!! Ha muchos años que estoy enfermo, ¡y es por el libro que tú escribiste!*), pero es peor aún posar nuestros ojos en los otros ojos, que es precipitarse al abismo, que es sentir cómo las lianas de la comprensión nos atan, que es mirarse al espejo y contemplarnos navegando a la deriva, en el morrillo el estoque que ni siquiera mata, los largos desiertos de arena por delante...

Primer amor

Se había quedado como una ovejita lanuda, mansa y sosegada, con unos ojos grandes que no se sabía bien si pedían caricias o las denegaban. Nos habíamos despeñado voluntariamente desde el ribazo, fraternalmente abrazados los dos, dando dos o tres vueltas que era todo lo que permitía el desnivel. Se oía la algarabía de los otros niños en el mismo juego: toda la escenografía a nuestra disposición era un campo abierto, las luces de la tarde declinantes y ya casi inmersas en el reino de las sombras, el círculo bien esbozado de la luna que comenzaba su paseo nocturno antes de que el día se hubiera acostado aún, algún pájaro retrasado en busca de cobijo... Luego, un poco más tarde, nos quedaríamos, como tantas otras veces, un poco extasiados contemplando en el aire las curvas caprichosas de los murciélagos, infatigables en su afán de alimentarse de los mil insectos que en el anochecer veraniego surgían y se alzaban del campo.

Se había quedado mansa, quieta, abierta como una fruta que se ofrece, los brazos extendidos en cruz, lánguidas las piernas... Nos mirábamos en silencio, sobrecogidos por esa especie de misterio adivinado que presentíamos. Desde ambos lados nos venía el ruido desacompasado de los niños que se entretenían en ese juego de empujarse y de provocarse y de reñir y de burlarse y de llamarse a gritos, ecos de una edad que se nos moría nada más nacer y que no sabíamos que no podríamos disfrutar nunca más como ahora lo hacíamos.

No hubo palabras, y tampoco creo que hubiera silencios. Algo se susurraba en el aire quieto de una sensación que nos llevaba a mirarnos, inquietantemente confusos, presintiendo que algo había entre nosotros y sin saber bien qué, una ligera sombra de pequeña angustia, de tornasolada esperanza, de leve efluvio amoroso que nunca nos hubiéramos atrevido a definirlo. Era como el aroma de una flor que no existía, como si en el ribazo el anochecer hubiera hecho florecer una mágica planta invisible. Nos mirábamos lenta, cálidamente, torpes, ojos contra ojos, manos errátiles, sin apoyo, sin destino, cuerpos desencajados en la caída, roces que se buscaban, indolencias culpables... Supimos que hubo algo. Lo supimos más tarde, al día siguiente, los restantes días, cuando, en la calle, en la escuela, nos topábamos y en las manos, en nuestras propias manos encontrábamos el mismo aroma, y en los ojos se nos desteñían siempre o las mañanas o las tardes hacia el gris mortecino del atardecer y un batir de alas inconcretas, vagarosas, mecían, no sabíamos hasta cuando, unos recuerdos y unos sueños...

Pasado y Presente

Señalo aquí, solamente, dos tiempos porque, en realidad, son los únicos que vivimos todos. Y, porque el tercero, el llamado futuro, no es otra cosa que una especie de tiempo fantasma tan de de nuboso jaez que no cesa de presentársenos mientras nos aliente cuerpo u alma.

Es incidente o accidente que sobre el tiempo pasado se me presenta, algo como a bocajarro, cada vez que, aunque sea para escribir algún articulete como éste que ahora me requiere que me ponga a teclear ante el word, y por ejemplo, como una amada que se me recostara sobre las piernas, que es así como coloco el periódico del dia y husmeo mi pasado desde mi presente.

Noventa años leyendo el periódico todas las mañanas de todos los días, creo, diría yo, que me ha podido originar quizás algo más que una adicción, quizás destellarme algo como suspiros en el corazón y renqueos en la memoria. Lo he dejado dicho algo dello en otra ocasión, no me acuerdo ni cuándo ni cómo. Acaso de cuando escribí alguna de aquellas historias de crímenes truculentos manejando en la hemeroteca periódicos como sábanas y, de paso, de lo que informaban algo de lo que había pasado de cuando ocurrió aquel crimen que hizo equivocarse tan rotundamente al gran novelista. No da motivo suficiente para una investigación, pero si tanto como para rebozar esos momentos.

Ahora, hasta el contenido de los periódicos, según mi suponer al menos, ha cambiado bastante, pues si en los ominosos cuarenta años sus lectores observaban una como resistencia a hacerse eco de crímenes, asesinatos y toda su amplia gama delictiva con la casi única excepción de "El Caso" y de su brava e infatigable amazona de humeante y ostentosa pipa la llamada, no la pipa sino la periodista, Margarita Landi (autora de varios libros sangrientos) de por aquel tiempo me atrevo a decir que la tendencia general de contar crímenes y otros casos de violencias humanas tan notables era notablemente restrictiva, mientras que ahora el periodismo en general se ha dado cuenta de que esas historias, a veces tan horripilantes y con la sangre como elemento sine qua non, resultan ser un filón y se prodiga en tal número su venta que supera con creces otros potosís de historias que siempre han marcado los mayores índices de venta, que, para entender ese fenómeno tampoco es preciso contar con los altos presupuestos mentales de un zahorí o excepcionalmente experto en calcular los lodazales de la criminalística humana con tantos y tantos reverberos que se asoman al plural tracto y trato de las gentes como puede deducirse de cualquier novela de aventuras de medio pelo que, si n mayores requilorios son capaces de colocarse en los más altos lugares de los indices de venta y figurar de esta manera en la lista de los bestsellers, que es así como suele ocurrir actualmente, que me detengo un poco de tiempo en el devenir de los días y he ahi que, a media mañana, cuando las palomas urbanas ya han desayunado picoteando alrededor de las puertas de las panaderías o por entre las losetas hexagonales de variadas calles con algunas trazas hosteleras como de papillas vomitivas al paso de los arcádicos —de arcadas y no tanto de arcadias (aunque ¿quién sabe?)— o de transeúntes operarios de bocadillo a rastras por sus comisuras labiales, despliego en la terraza del café el periódico del dia y me dejo sorprender que el pasado me derive al presente y encontrarme como con un reguero de sucesos impresionantes (aunque seguramente no demasiado superior a otro cualquier día), con grupos de niños ejecutados friamente por algún descerebrado compañero suyo y por esa maniática propensión estadounidense al uso de las armas que no faltan en su Historia

ese mal uso de esa su quincalla desde los episodios de su Oeste pistolero que, no hay mal que
por bien no venga como nos avisa el refranero
ha proveido de temas tanto al Cine como a la no-
velística americana, historias también como de
algún envenenamiento familiar (que este género
desde los más remotos días que la guerra ya en
su centenario día sigue que sigue mostrando su
cara más destructora (que se cuenta también en
este caso la especie de paráfrasis de algunos excesos que no lo son tanto si bien se mira que nos
viene a decir un titulo que comemos perros porque no hay más (que puestos en esa tesitura habrá
que ver, igualmente, cuánto tiempo pudiera
aguantar el almacén de los perros), que, avan-
zando en la lectura y, como una buena conjun-
ción de pasado y presente, doy en parar ante una
frase de mi coctánea (solamente a dos años de
distancia nuestras mutuas edades) la reina Isabel
II de Inglaterra –pulverizadora su duración en el
trono de sus seis anteriores reinas y con mención
especialísima de la mítica Victoria que arrastra,
junto con su cita, toda una soberbia época nota-
ble por una variedad de logros impresionantes–,
que ahora está celebrando su Jubileo rodeada de
la simpatía y cariño de, se supone de la mayoría
de los británicos, que en llegando a este punto

mejor hacerlo con el final, pues que ha quedado biendicho desde el comienzo de estas letras que el futuro no existe.

De libros y sus amores

Cuesta hacerse a la idea de ver a Petrarca ofreciendo su biblioteca a la República de Venecia a cambio de una casa, porque, –¿para qué sirve una casa si no tiene libros?–

La cita se la debo a Nuria Amat, que la recoge, a su vez, del historiador G. Higlet: Petrarca habia decidido legar su biblioteca a la República de Venecia a cambio de una casa. Habría sido la primera biblioteca pública de la Europa occidental desde la destrucción del Imperio romano; pero no se encontraba en Venecia al morir y su biblioteca quedó dispersa. Añade N. Amat que, sin embargo, el poeta se encontraba, a la hora de su muerte, en su biblioteca y con un libro entre las manos. Y asi fue como lo hallaron.

Libro sellado

Da qué pensar este pasaje de la vida de Petrarca y no sólo por su envidiable tránsito. Morir en el ámbito de su biblioteca y con un libro entre las manos, puede ser la forma de muerte ideal para un poeta. Pero, ¿qué decir de ese trueque de la biblioteca por una casa? Para instalarse en ella se saben los pasos a dar , es decir la inmobiliaria, la deuda de por vida, el amueblaje, etc, etc, pero faltaría el detalle decisivo. Un judio no entra en el refugio de su ortodoxia con su prepucio ileso; ni un cristiano, salvado del goteo sangriento por Saulo a los Gálatas, entra en el catolicismo sin humillar su cabeza ante la pila bautismal; ni un masón se acomoda, sin ritual, en su logia. Y, en cuanto a una casa, lo será de verdad solamente, como algunos creemos, cuando se lleve a ella ese primer libro que debe estar dotado de un gran poder seminal y empezar a procrear de manera que aterra que, en ese mismo momento quedan invitados a la celebración todos los sujetos-objetos que forman parte del mundo del libro, especialmente esa fragancia del papel que se nos hace necesario recordar de viejos libros de pliegos no cortados, páginas cerradas, el huerto cerrado que siempre ofrece promesas sabrosas, que no hay más que asomarse al Cantar de los Cantares, huerto cerrado eres, mi hermana, esposa mia; fuente cerrada, fuente sellada... (Cant.4, 12), y que lo primero que habia que comprar era una plegadera e, inmediatamente, empezar a desvirgar el mundo...

Libro por jardín

Nos recordó Nuria Amat en su El ladrón de libros (Muchnik Editores, 1988), aquellas palabras del historiador G. Higlet: Dante tuvo sus libros, que no fueron pocos. Pero Petrarca tuvo la primera biblioteca personal en el sentido moderno, una biblioteca viviente y cada vez más rica. El ideal que se constituyó en el Renacimiento y que todavía no ha muerto, el de un pensador humano de múltiples facetas, con un cerebro bien provisto y una biblioteca mejor provista aún, el ideal personificado de Montaigne, Ronsard, Johnson, Gray, Goethe, Voltaire, Milton, Tennyson y muchos otros, ese ideal se encarnó por primera vez en los tiempos modernos, y de la manera más decisiva en Petrarca.

Leído esto, no es fácil entenderle al gran poeta que, si su amor por Laura fue como su amor por los libros, amor de trueque, amor de transacción, amor de do ut des, todo el gran acervo de la poesía lírica y amatoria renacentista se tambalea y nos quedamos preguntándonos por qué, cosa, qué edificio, qué, lugar, qué momento, qué animal... no hubiera cambiado Petrarca a Laura. Digamos que Por un jardin lleno de exultaciones florales, gladíolos de botones de espadas desenvainadas luchando con corolas de rosas, un seto de humildes geranios rezando la oración del huerto en el mediodía del Ángelus con Millet, en la lejanía, camelias, claveles, azucenas, las gardenias en su canción inolvidable, las hortensias tan generosas, o es que, acaso, un jardín vale por un amor o es que ese jardín es capaz de resucitar ese amor ya que, ambos, amor y flor, comunican parecidos terrenos sentimentales? O, en vez de un jardin, simplemente, ¿por qué no por una carroza tirada por (digamos) cuatro caballos, el faetón vestido de librea, el piafar de los animales y sus húmedos belfos, su boñiga humeante que pide ser recogida diligentemente por el palafrenero?. En definitiva, cómo, dónde, cuándo, por qué, cambiar a Laura si una biblioteca por una casa, con qué,...?

Libro como puñal

Nos sigue desvelando, Nuria Amat, algunas de las aficiones del poeta de Arezzo, enamorado sin remedio de la estela ideal de Laura (acaso nada más que estela, o idea, o ensoñación, o quimera):
Buena parte de su vida la dedicó Petrarca a buscar y encontrar libros viejos. Los motivos que le indujeron a ello pueden ser de origen diverso. (...)
La curiosidad insaciable de Petrarca, que le em-

pujaba a visitar bibliotecas, sótanos y desvanes olvidados y descubrir así obras clásicas desconocidas, venía determinada de una parte por su interés en darlas a conocer mediante la publicación de estos libros (es decir, sacando copia de ellos) y de otra, vale subrayar, por su preocupación en descubrir obras cuyo contenido estimulara su propia creación literaria. En todo caso, ansias, deseos, planes, proyectos comunes a todos los que se ponen enfermos de literatura, la amarilla ictericia de la envidia de no tener ese volumen que se sabe que existe que el amor del bibliómano es amor de posesión y puede gritar, en paroxismo, en trance, en histeria, con el puñal en la mano, con el puñal en la garganta, con el puñal cosido al corazón, con el libro en las manos, el libro en las garras, el libro en las meninges, puede gritar, repito, eso tan cruento, tan sangrado y desangrado, tan obsceno y totalitario ¿tan sublime?, ¿tan anonadador?, ¿tan cruel?, ¿tan aniquilador que todo lo incinera?, de conmigo o con nadie, con que todo se ahoga, todo se anega, todo periclita, todo se asfixia, todo perece. De ahi, por lo tanto, ¿a qué hablar del amor al libro cuando, en el mejor de los casos es como comprarse una cabra para que pazca de la hierba de las lindes del ferrocarril o de la carretera y para asirse a sus ubres?.

Libro para morir

Ni jardin ni carroza, seguramente. Hacerse con una casa a trueque de libros puede ser lo contrario de comprarse una casa para guardar libros que es lo que, en definitiva, hace el enamorado de los libros que los olfatea en el aire como el buen podenco, la nariz como periscopio, la conciencia pervertida que no hay nada pecaminoso que por un libro no se corneta, que la conciencia nunca dirá nada, nunca denunciará nada. Todo hombre y toda mujer debiera saber, en definitiva, que al igual que la muerte nos será siempre nuestro más fiel amante, nunca podremos competir con un libro en los terrenos del amor, esa inevitable aventura. Y que, en definitiva, siempre será posible envidiar a Petrarca que pudo morir con un libro entre sus manos....

Odio

Los caminos del odio se me aparecen como laberínticos pasillos, senderos de fantasía "que discurren por espacios absolutamente inescrutables. Diré que estábame el otro día esperando en un café donde se me había citado, cuando fui testigo de un episodio de esos que hacen pensar, más hondamente que en lo acostumbrado, en la psicología de las gentes.

Eran las primeras horas de la tarde y en la pantalla televisiva que tenía enfrente se veían a una serie de extraños seres que iban montados en aquellos rudimentarios vehículos que en mi niñez servían todavía para desplazarnos de un lugar a otro y que, con el paso del tiempo, fueron perdiendo en gran parte esa utilidad y acomodándose a otra, más rentable seguramente para los usuarios, que el ornato se pagó siempre en mejor moneda que la necesidad, por paradójico que pudiera parecer desde el punto de vista de la pica o de la idea pura.

Contemplaba yo el espectáculo con la indiferencia que me merecía cuando mi atención quedó fija en uno de aquello ciclistas cuya pedalada era cansina, agonizante, patética en extremo. Algo

como una negra sombra de infortunio pesaba
sobre el sujeto, como si un extraño pajarraco, una
"pájara" en el argot ciclista, se mantuviera aleteando sus sombras pesarosas y vertiendo sus ex-
crementos malignos sobre él. Mucho se ha
hablado o escrito de soledades varias: de la del
imaginativo que va llenando de figuras plurifor-
mes el espacio de sus sueños bien sea con ogros,
monstruos, carátulas de esperpentos o de gárgolas; de la del náufrago que se sumerge en húme-
das y salinosas pesadillas; de la del huérfano que
amaneció al calor de los sentidos y se encontró
ante la vasta desertidad de la vida sin nana que le
brizara... soledades trémulas, soledades que desa-
zonan los nervios hasta tal punto que los dejan
en puro baile de San Vilo o tan deslabazados, tan
sin fuerzas, tan enervados que se destrizan como
en lianas abatidas; soledades que angostan tanto
nuestro ánimo que piden con urgencia un auxilio
de angioplastia; soledades que son como mares
de lodo por donde reman los fantasmas de un
baile de disfraces de romántico salón decadente,
y trazan en el aire fuliginosos grafitis llenos de un
sentido esotérico, blandas irradiaciones de almas
ululantes en las frías madrugadas del insomnio...
Advierten sobre la soledad y sus consecuencias
indeseables los grandes autores clásicos que ha-

blan de los monstruos de la quimera que pueden asaltarnos, de los vacíos espejos en donde ni siquiera llegamos a reflejarnos, de las grandes soledades acompañadas tan heridoramente crueles en el ánima misma del sentimiento ya no compartido, de los que viven llenos de recuerdos tan intransitivos que se hacen intransitables, de las voces de fondo de nuestras raíces u hondarras, de las manos que nos aprietan el gaznate tan a lo realista que sentimos el ahincar de los dedos en la misma nuez que se nos quiebra, y es fuerza reparar en aquella advertencia senequista en las cartas que dirige a su discípulo y amigo Lucilio de que yendo sólo contigo andas demasiado cerca de un malvado, lo que revela, sin duda, una siniestra opinión de sí mismo, seguramente verdadera sin remedio siéndose hombre... Hablan otros, sin duda, de la soledad feraz y feliz: la de las emociones volanderas que van a parar a los aires, a las nubes, a las estrellas...; soledades de músicas varias, chirimías, pífanos y timbales que suenan tan silenciosos, tan inaudibles que ni se oyen, que en eso consiste para mí la vera música; soledades que prolongan el fervor y la mística de las tardes vacías cuando en el reloj frontero el tiempo se queda suavemente paralizado como en una nueva versión del tan conocido episodio de la bíblica Jericó, trompetas que suenan en las torres de las quimeras más heteróclitas que van desfalleciendo mientras el gran sol se quedó clavado en el punto cardinal donde comenzaba su ocaso... y la imaginación se vuelve paloma torcaz de frenético vuelo, crea la imaginación pasadizos de alambicadas resonancias en las que parecen oirse jadeos de pasionales amores cuando no de delirios de deliscuencencias emocionales... Casi siempre hay contrastado a un disentir agrio un consentir dulce, a una virtud una abominación, y en los terrenos de la soledad puede encontrarse toda una escala de notas y de sabores a nuestro alcance y a nuestro servicio, de tal manera puede ceñirse nuestra voluntad a exigir lo que quiere si esa soledad de alguna manera temible nos es beneficiosa y satisfactoria.

Y viene a cuento esta larga desviación acaso, porque paralelos a mi actividad contemplativa aunque desinteresada, iban formulándoseme estos conceptos varios en tomo ami soledad y a sus juegos ante esa gran "pájara" que iba contemplando en el ciclista desfondado, un guiñapo de atleta tratando de mantener su figura y su compostura, y embarcándome en derroteros etimológicos, semánticos, etc, sobre el término pajaril, pájaro que puede acogerse a volátil de los espacios según qué aires o a garabato sexual que emerge de la bragueta en un pío-pío infantil, término que puede acogerse a una semántica peyorativa pero que lo es definitivamente cuando se acoge a las estribaciones del género femenino que nunca ha habido una pájara medianamente respetable cuando de señalar a mujeres se trata, que será, acaso uno más de esos sinsentidos machistas que ellas en tantos rincones de la vida cotidiana descubren.

Y vuelvo ahora a pensar, regresando a la primera línea de este escrito, de qué manera camina el odio por meándricos y sinuosos cauces envenenados, cómo hizo mal aquel que fue enumerando los pecados capitales en número de siete e individualizados o distanciados por así decirlo cuando siempre los pecados tienden a fundirse, confundirse y amalgamarse, pecados que son como cerezas que se han arracimado y un zarcillo prende en otro y salen los siete juntos o en parejas o en tríos, que buenas migas se traen entre la gula y la lujuria y la pereza, pongo por caso, y entre pinceladas de unos y otros colores o pecados netos se llega a pintar ese gran lago de un odio insensato en el que me pareció que estaba empozado aunque sin saber cómo ni por qué, aquel joven que.cerca de mi mesa estaba con otro joven mucho más interesados que yo en lo que veían y que con mayor zozobra que yo seguían la fantasmagórica pedalada del ciclista agotado, joven que, en un momento determinado, y empujado por no se sabe qué humores nefandos o nefastos, le brotó el despropósito de : "Así te quería ver, así", que dijo.

Otoñal

Ahora, con el otoño encima, desoigo aquel consejo, dícese que de procedencia jesuítica de que, en tiempos de tribulación (como el habla vulgar recoge), o de desolación (según los allegados al yero texto), no hacer mudanzas, que, para redondear mejor lo dicho por el de Loyola en sus EE. EE, y en su 317 apuntamiento, condesciende a clarificar qué entiende por desolación en su especie de sendero mistagógico y penetrado de ese hondo saber y sabor, como nos resonaban los decires de aquella época, nos noticia que esa llamada desolación es "oscuridad del ánima, turbación en ella, moción a las cosas bajas y terrenas, inquietud de varias agitaciones y tentaciones, moviendo a la infidencia, sin esperanza, sin amor, hallándose toda perezosa, tibia, triste y como separada de su Criador y Señor". En lo que a mi tribulación respecta no puedo creer que llegue a tales honduras. Tribulaciones no faltan, por supuesto, que todo ser, en su vivir, encuentra tachonado su techo existencial de estrellas aciagas, nunca sintiéndome en terrenos alienígenos ya se sabe, ya que ni siquiera en la puericia más lastimosa en la que la credulidad batía récords, ni el propio Flash Gordon pudo trasladarme al planeta Mongo y a sus luchas contra el Imperio de Ming, quizás también, en parte, porque a esa temprana edad mía y nuestra, ni siquiera la radiante belleza de Dale Arden nos impresionaba en lo más mínimo. Pero no nos desviemos demasiado de la verdadera ruta que ése es, en esencia, peligro mayor que supone el ponerse a escribir, que todos tratan de encarnar (hasta el punto de encarnizar en según qué casos) un papel en los episodios que vamos contando.

El comienzo de este otoño me coge, pues, tratando de buscar un mejor atajo para dejar sobre el papel estas minucias escriturales que se me ocurren momento a momento, una especie de diarrea letral que me exige tener presto siempre al alcance algún cuadernillo junto con un bolígrafo al menos para defecar mis excesos, que la memoria ya me está mostrando tentaciones siniestras e infidelidades varias, que piensa uno cuando la ocurrencia nace, que un rato después la atará con buen ligamen, que llegada que sea la hora, si en su tiempo no se la sujetó, dásela ya por perdida. Digamos ya pues, de manera definitiva, que en lo que estoy maquinando es en buscar —y ya está encontrada–"una nueva manera de escribir que tiene como reto sustancial evitar el obligado escollo del qwerty y dejar a un lado para siempre esa esclavitud —no dejaré de decir que a veces hasta gozosa— de pulsar con dedos de tenebrosos tactos indecisos el uso de esa especie de clavicordio de nota repetida que es el dactilógrafo, o para llegar al confín donde se arman difusas mis fusas y semifusas letrales. ¡Guerra en todo caso al teclado, mientras me dure esta fiebre!

Un caso de cierta impertinencia acaso este prurito de novedad que me acosa ahora, tal vez también, interiormente, algo como unas descargas de adrenalina al darme cuenta de que, obrando así, reto con valentía que ya hasta siento que me acobarda de sólo pensarlo, a aquellos grandes autores de muchas y muy voluminosas obras por ellos solamente recitadas que, para verter al papel ahí estaban en su taller los copistas que, laboriosos y hasta muchas veces admitiendo el remoquete de negros, vertían al papel esas obras, que puestos ya a citarlos con su leyenda ya adosada, cómo no citar a un tal Manuel Fernández y González (Sevilla, 1821 - Madrid, 1888) , folletinista de pro, el escritor que mejor supo manejar las ubres de la literatura y hasta a hacer leer a los analfabetos, que se cuenta que, en ése su taller sentó sus posaderas hasta el mismísimo Vicente Blasco Ibáñez, (1867-"1928) claro está que antes de que publicara "La Barraca", y ya no digamos "Sangre y arena" y "Los cuatro jinetes del Apocalipsis", que le permitieron meter la mano en la opima bolsa de Hollywood, y llevar una auténtica vida de nabab, ahí por la Costa Azul, con residencia fijada en Menton. Y, si quisiéramos añadir un nombre extranjero a ese tipo de escritores de dorada boquita se nos atruena como bombardeado apelativo el de un tal Edgar Wallace que inundó los estantes y escaparates de las librerías de títulos y más títulos de novelas policíacas, que en cuanto a mencionar a algún boquerón pico de oro, que los hay muchos, cómo no citar al benemérito Federico García Sanchiz (1886 - 1964), tan polifacético en sus trabajos que no se conformaba con menos que ser novelista y ensayista aunque contagiando ésas y otras especialidades con su verdadero oficio que fue el de charlista. Me queda por rematar el artículo, con el obligado detalle de la admiración con que uno va leyendo y releyendo a esos clásicos de infinito número, los dioses plumíferos del Siglo de Oro español, y preguntándome mudo, absorto y de rodillas como el enamorado de gas golondrinas que vuelven de Becquer, qué no hubieran escrito de contar con esta nueva tecnología aquellos monstruos, los

Cervantes, los Lopes, etc, que armados solamente ni se sabe con qué pluma ni con qué tinta, poblaron la literatura de su época de infinitas maravillas.

Los avestruces

El acto de leer la prensa, ociosidad en la que se pierde mucho tiempo, se hace, sin embargo, de obligado cumplimiento. En su ejercicio, y dejando a un lado, por cuestiones de nauseas, autodeterminaciones, soberanías y otras perplejidades, leo por ahí, por un ejemplo, que hace cincuenta años que se murió un poeta del amor. Sigo leyendo, y dentro de un guión que recoge argumentos dramáticos en general, me entero de victimas de todo tipo, de bebés cosidos a balazos, de kamikazes juveniles, de ciudades con calles en ebullición de destrozos, de esclavos vagando por infernales desiertos que ni la fértil imaginación de Dino Buzzati pudo soñar, y como en un remanso, aunque sea también de fallecimiento, leo de una muerte de otra muerte, de la de Maurice de Bevere que lleva consigo la de Lucky Luke y la de otras muchas ensoñaciones de aquel Old West tan melancólico como nostálgico bañado aquí por aguas de ingenuidad; y leo, esta vez entre líneas, de una bandada de avestruces que también están relacionadas con la muerte que siempre es presentida, siempre es vivida, veámosla en esa ciudad persa de la historia del califa y del visir (de este que le cuenta a aquel de haber visto a la muerte en sus calles, que no sabe él, y hasta la misma muerte se sorprende, que llegarán a encontrarse en Samarkanda esa misma tarde, qué prontitud!).

La muerte, está claro, no tiene limites si se la deja sola en su oficio de exterminadora, la guadaña bien afilada y viajando a velocidad ubicua. Los estragos de esta muerte en su libertad omnímoda son grandiosos aunque naturales, como el vuelo y posar de un bando de langostas sobre lo verde, como el caminar de la marabunta sin reparar en diques, como la devastación de huracanes e inundaciones, una giróvaga veleta que va sembrando desolación a su paso. Leer la prensa es el dolor nuestro de cada uno y de todos los días, nuestro cilicio voluntario, noticias como nudos de túrdigas del látigo azotando nuestras meninges.

El poeta

Escribió el poeta, ese poeta, el poeta del amor: Hoy son las manos la memoria./ El alma no se acuerda, está dolida/ de tanto recordar. Pero en las manos/ queda el recuerdo de lo que han tenido. Una apelación a la muerte, otra más, hasta al ser puro de la piedra, la que vió morir a esbeltos lirios y a gráciles libélulas por correr tanto hacia la primavera, que leido asi, se recrea uno en la antitesis de una primavera cansada y con si ntomas como de cierta senescencia, una contradicción y una contrariedad. Lo escribió Pedro Salinas cincuenta años de su muerte lo leo por ahi, una fecha dificil de marginar. En las manos de un poeta gusta de enredarse la muerte que tiene largos cabellos. El peso de la piedra es balanza que juega al amor vocativo, al amor que siempre es transitivo, mirlos que picotean la cereza y la dejan injertada de su trino montaraz. En el peso de la piedra o, en su beso, está la gravitación del universo. Lo escribió ese mismo poeta en ese mismo poema: En una piedra está/ la paciencia del mundo, madurada despacio. Poema y poemas, escrito y escritos, en un Largo lamento, con dolor de amor, dolor de entremundos.

El niño

Que no es un niño, que son muchos niños, pero un único niño basta. Lo dejó sentenciado Albert Camus en La peste: No hay nada sobre la tierra m s importante que el sufrimiento de un niño. Pero no es anécdota, es categoría, y esta pide responsabilidad, y Camus pone la misma esencia de Dios en juego. Su atención pudo intensificarse cuando Paneloux dijo con firmeza que respecto a Dios habia unas cosas que se podian explicar y otras que no.(...) El sufrimiento de un niño no se puede comprender. Paneloux lo deja dicho Camus, no se defiende con lo que pudiera ser fácil treta de explicar ese insoportable sufrimiento mezclado a un hipotético premio"(El Padre Paneloux hubiera podido decir que la eternidad de delicias que esperaba al niño le compensarla de su sufrimiento). Pero se nos invita a penar que incubar en mentes infantiles la idea del goce del Paraíso a cambio de cualquier forma de martirio es práctica perversa y retorcida. Seguramente, en algunos centros educativos lo saben y hacen por ignorarlo.

Génova

Mala cosa es, para los poderosos de la tierra, el haberse producido el primer mártir de la antiglobalizaciln. Está escrita en la tradición de las más grandes ideologias o creencias entre ellas el Cristianismo, que los mártires son semillero de nuevos adeptos y la Historia asi lo acredita. Al margen de la bondad o perversidad de esta ideologia o movimiento económico, se les puede achacar a los poderosos de la Tierra su falta de imaginación. Julio Verne creo que hubiera planteado su Congreso de Amos del Mundo, quién sabe si en pleno Océano o en una plataforma espacial inmune a cualquier ataque, incluído el de los extraterrestres. Todo antes de ir destruyendo ciudades a su paso.

Los avestruces

Lo recuerdo muy bien: los avestruces de mi niñez comían relojes. Dice Julio Camba que dotados de un estómago prodigioso y totalmente desprovistos de seso, lo digieren todo. Digieren piedras, que es lo más absurdo y disparatado que se puede digerir en este mundo.

Digieren corcho. Digieren chatarra. Digieren neumáticos viejos y afirma que digerirían, de encontrarlos al alcance de sus picos, hasta los pollos fosilizados de algunos hoteles y casas de comida. Pero los avestruces de mi niñez, no sé por qué comian relojes, aunque no sé si los digerían. Eran avestruces que aparecían en las tiras de comics, toda una gran extensión de ramos para sus patas casi voladoras. Generalmente alguien los montaba que no es fácil encontrar mejor cabalgadura.

Los avestruces de mi niñez tragaban relojes que no sé, tampoco quién pudo dejarlos por aquellas fechas pero tampoco me importa saberlo pues lo que yo quería decir, sobre todo, es que, cada vez más, tengo la impresión de vivir en un pais lleno de avestruces. Ya recordaran aquella visión fantástica de Ionesco. Un día, la ciudad empieza a poblarse de rinocerontes. Pues eso, un dia, uno se da cuenta de que una aldea, una ciudad, una zona, un territorio, una comunidad, todo un Pueblo (ya que tanto les gusta hablar de Pueblos) se está llenando de avestruces, que es un contagio, que es, por lo tanto, una peste. Dice también, Julio Camba, que el avestruz es estúpido y cobardón que asi se entiende que se vea a tanta gente comiendo relojes que es como si estuviesen comiendo el tiempo, su valioso tiempo, con la cabeza metida en tierra y sin darse cuenta de lo que pasa en su torno.

Hipodromía

La verdad es que, mirando hacia atrás –no importa si con ira o sin ira– uno (es decir yo) comenzó a vivir en la Segunda Guerra Mundial, y ahora, una mujer, al parecer valiente, una tal Liubov Sobol, la opositora más "amenazada de Rusia –amenazada por el Kremlin naturalmente– desde su exilio en Estonia nos conmina a creer lo que ya sabíamos meses atrás: que es que resulta que sí, que la Tercera Guerra Mundial ya ha comenzado en Ucrania puesto que Putín no se detendrá ante nada. Nos lo comunica así, desde una entrevista en letras de portada en una Revista *(MUJER HOY. N.° 1199).* Lo de la valentia de la tal mujer tiene que ver algo, sin duda, con lo de la creencia de cuánta largura tenga el brazo de Putín, de si es mayor o menor de lo que demostró tener el larguísimo de un tal Stalin, su antecesor, que desde ese mismo Kremlin se extendía hasta Coyoacán (México) atinando con puntería admirable de dura punta de piolet en el cráneo de su otro anterior colega conocido bajo el sobrenombre de Trotsky. De todas formas, y reparando en el lugar de que se trata, es decir, Ucrania, lo poco que yo sabía de ese país tiene que ver con el nombre y la

109

aventura de un caballo, del que montó un ilustre amante, un tal Iván Stepanóvich Mazeppa, un atamán (jefe militar) de los cosacos, por haber seducido a una dama de la aristocracia polaca y que es una historia cuyo relato ha seducido, a su vez, a grandes plumas, entre las cuales figuran las tan conocidas de Lord Byron, de Victor Hugo, de Puschkin y de Voltaire y resulta ser como la aventura siempre narrable por ser tan inenarrable, una historia de caracteres más que de letras de imágenes, la tremenda historia a consecuencia de la venganza de un hidalgo polaco sobre un amador de su mujer que, con el tiempo se convirtió en un hito de aventura inolvidable de un hombre al que se le ata desnudo a la grupa de un veloz caballo y se le hace retar al frio y a la incomodidad suma desde Polonia a Ucrania... y, en donde, (he aquí la nota sorpresiva), le esperaba nada menos que un trono, una historia de Lord Byron en su"escrito de ese título, Mazeppa", que es, precisamente aquí, en el último tramo, donde se abre definitivamente el fruto y nos deja con la esencia y el hervor de su intenso contenido que, desde una acción de aventura castigadora pudiera trasladarse a un relato bien pergeñado y que cobra ahora una especial atracción al hablarnos de dos lugares de los que tanto se habla hoy en día, que puestos ya los dedos sobre el teclado cómo resistirme a no contar algo de las manadas de caballos que se ofrecen desde el espejo de mis viejas lecturas, que si mientras voy pulsando las teclas de estas letras me diera la venada de inventarme un bestiario personal, tendería a recrearme en las salidas novelescas de un montón de caballos gloriosos, digamos, en primer lugar, de Pegaso, el alado caballo que Perseo hizo brotar de la sangre de Medusa, la Gorgona de la terrible mirada que es ahí donde nace una nueva historia con Andrómeda, Casiopea, etc, con las que tan fácil se nos hace soñar siempre que por medio de la imaginería fabulosa de la mitología greca quisiéramos derivar hacia pletóricos lugares en donde las maravillas fluyen en hontanar incontenible que ya es como cabalgar de grupa en grupa y trepar a la de Incitatus (al que el bestial Calígula nombró Cónsul); y, sin salir de esa mitología puesto que la historia acostumbra a vestirse de novela, ¿por qué no palpar muy por dentro el vientre del que ocasionó la toma de la imposible por impasible de la ciudad de Troya; y, sin olvidarnos, por supuesto, de Bucéfalo, cuya carrera conquistadora nunquam superata (como en el caso del escudo de nuestra Bardulia) comienza cuando nadie, menos Alejandrito, se atreviese a montar a aquel soberbio équido de las yeguadas tesalianas que Filónico de Farsalia dió en regalar a Filipo y así conquistar el mundo entero; que así, en gran lista, pudieramos citar al caballo de Atila sobre cuyo lomo se amasaba la carne de los hunos (y otros) atilanos; sin olvidarnos, por supuesto, de Babieca y de su escarbo de incómodo ante la niña de voz pura, de plata y de cristal, toda ojos azules y en los ojos lágrimas, que aduce su tristeza ante el buen Cid y su mesnada bajo el cielo sol castellano de camino hacia Valencia; de Rocinante y de su estirpe de caballo tan sobresaliente que llevare a Don Quijote a sus tan solemnes aventuras que volviéronse eternas y a prueba de todos los alzheymeres que pudieran salir al paso del tan singular caballero manchego; del centauro Quirón que, no bastándole sus paseos por el monte Pelión, fue allí mismo el lugar que escogió para trasmitir sus tan abundantes conocimientos sobre tantas materias, que ahí estan sus discípulos, llámense Esculapio, Céfalo, Néstor, Peleo, Meleagro, Teseo, Cástor y Pólus, Hipólito, Ayax, Protesilao, Jasón, Ulises, Diómedes, Eneas, Aquiles, etc, y de ahí, recordando los millones de caballos vistos, entrevistos y leidos del Oeste americano, cómo no pararnos a recordar aquel poema de honor, de un tal José Santos Chocarlo sobre Caballos de los Conquistadores, que Los caballos eran fuertes!! ¡Los caballos eran ágiles!! Sus pescuezos eran finos y sus ancas/ relucientes y sus cascos musicales..., etc, etc, un poema tan injustamente olvidado...

De mujeres eminencias

Con sólo citar su nombre se nos traquetea en los centros de la memoria, más bien cercana a pesar de todo, el desfile de aquellas amazonas de aquel un tal Muamar el Gadafi, cruel dictador de Libia, el cual en todos sus viajes, arrastraba junto a su tan vistoso hotel particular, una guardia personal femenina no menos decorativa, más bien al contrario. De lo que en realidad fue aquella especie de custodia personal itinerante pero más bien y mejor de las verdaderas relaciones del dictador libio con esa parte femenina de su ejército y con otros de sus séquitos y relaciones femíneas, dió buena información la reportera de "Le Monde" Annick Cojean en su libro "Las cautivas". El harén oculto de Gadafi, (Editorial Anagrama, 2014). Me viene a recordar esos episodios, otro interesante texto publicado este pasado sábado en la Revista Mujer Hoy y firmado por Ed Cumming, quien tomando como tema central la noticia de la formación y conformación de lo que él llama "La armada roja de Putín", nos cuenta una historia de una especie de ejército propagandístico del Kremlin sobre la guerra de Ucrania, un equipo tan frío como el acero, escribe, formado por portavoces que manejan bien el lenguaje de los medios y que, dirigido por María Zakharova, se ha convertido en el arma preferida de Putin en su guerra de propaganda, un nuevo conocimiento –nuevo al menos por mi parte– de una especie de harka femenina bien que a veces camino del harén (que para esas dobles identidades se presta mucho la letra h en sus persecuciones de la escala promocional, firme su paso ascendente sobre el mítico sendero de la estación primaveral que con ilusión tanta, tanta musicalia sobre los caminos inciertos que recorre la balada en esa glosa de los tiempos ecuánimes cantó Juan Ramón apoyado en las andaduras del humilde tambor de los saltimbanquis: (Alegra, titiritero, /la noche con tu tambor...! ¡El sendero/ tiene las ramas en flor/ La luna, tras la montaña, asoma su cara muerta ... La cabaña/ ha cerrado ya su puerta./ Por el valle duerme Aurora, /Noche va por el camino;/ lejos llora/ el corazón del molino./ ¡Campos verdes, noches bellas, / para el llanto y para el vuelo!! Las estrellas/ tiemblan, tiemblan en el cielo./ Alegra, titiritero,/ la noche con tu tambor...! ¡El sendero/ tiene las ramas en flor!, que es el poema que ahora me viene a la memoria reviviéndome el placer diré (aunque también algo de desplacer por los rastros que el tiempo deja algo como en hila-

chas) y era aquel de mis catorce en las cuentas de
la vida y mi profesión era la de estudiante, en mi
lengua y en mis labios más que en las manos la
"Lyra Hispana" de Vicente Gómez Bravo S.J.
(Editorial Razón y Fe, 1942), los textos todos del
libro en los plintos donde descansan tan férvidos
(perdón por el clax clax de las vías tan iguales.

Más galerías femeninas

Como uno ya no cree en casi nada me agarro a
las extrañas contorsiones que, a veces, me depara
el azar. Y, he aquí la especie de milagro que me
apuntilla estos días, en los que, como caído del
cielo y a la par se diría de la calima que tiene especial interés en recordarnos el Sahara en estos
momentos en los que también verdean las políticas afines a tales arenales, me encuentro yo con
un viejo (viejo tenía que ser cuando tantas noticias maravillosas y tan bien escritas nos presenta)
de un tal Cristóbal de Castro, de quien, a su vez,
como identidad previa, una tan grande autora
como Concha Espina de quien supongo que, a
pesar de los tiempos pasados alguien habrá que
se acuerde de su nombre y de sus tantas buenas
obras literarias, nos dice del tal Cristóbal a la par
que le demuestra su admiración y gratitud seña-

lándole como de los contados hombres de letras
que en España rinden tributo de justicia a la
mujer y en parecidos deliquios de aprobación se
desliegan unas cuantas otras mujeres en los pro-
legómenos de esta ya joya literaria en la que se
noticia de nada menos que de cuarenta y seis
grandes figuras femeninas en la obra titulada
"Mujeres extraordinarias" (Ediciones Nuestra
Raza. Madrid), una maravilla de un autor que, en
muy breves líneas nos presenta a esas cuarenta y
seis mujeres ante sus facetas más destacadas, es
decir, fisonomías, actos y actuaciones de las tales
en su relación con algunos de los menesteres más
destacados en su labor, digamos como ejemplos
de destacadas actividades las de Catalina de Aus-
tria, o la Energia; Inés Sorel, o el recogimiento;
Lucrecia del Fede, o la perfidia; Isabel Clara, o la
política; Galatea, o el suspiro; Flérida, o el capricho; Elisa, o el sollozo; Ninón de Lenclos, o la
moral galante; Antonieta Pompadur, o el domi-
nio; Madame Rolland, o el cisne; María Antonieta, o la ilusión; Margarita Cogni, o el arroyo;
Mariana Dolci. o el mostrador; Teresa Guiccioli,
o el palacio; Lady Stahope, o la aventura; Madame
Vigée Lebrun, o el agrado; Josefina Beauharnais,
o la vanidad; Teresa Cabarrús, o el esplendor;
Cristiana Vulpius, o el silencio; Madame de Stael,

o el diamante; Lady Byron, o la austeridad; Carolina Lamb, o la extragavancia; Lady Hamilton, o el encanto; la condesa de Bureta, o el patriotismo; la reina Hortensia, o el método; Aurora Dupin, o la furia; Madame Bersy, o la tutela; La duquesa de Castries, o la estirpe; Madame Hanska, o la novelería; Lola Montes, o la españolada, etc, etc, etc.

Conquistas

Ahora que los periódicos se han mutado (o completado) en guías, puede verse que la vejez, por un ejemplo, se ha esta mostrando como una una fuerza de la naturaleza, algo como un gigante caído en desgracia pero gigante al fin y al cabo. Lo digo, sobre todo, porque uno de los temas más socorridos de la prensa actual son los viejos (llamados eufemísticamente (los mayores) y esta semana pasada, sin tener que ahondar más en la búsqueda, leía en el periódico y a lo largo de más de dos páginas enteras cómo y de qué manera a esas vetustas gentes se les aconsejaba y educaba, se les hacía saber lo conveniente y lo inconveniente para sobrevivir en su situación, de cómo el cuarto de baño puede ser una tortura si no se sustituía la bañera por la ducha (y aun así), de cómo lo mejor era elevar el trono unos cuantos centímetros para que las rodillas no sufran tanto en sus goznes etc, etc, que, a cierta edad, las rótulas cloquean y suenan a osario naturalmente.

Aun dando por sabidas por experiencia estas recomendaciones, son consejos que hay que agradecerlos en su debida medida. Aquella historia del Diario de la guerra del cerdo, que escribió Bioy

Casares si deja de tener cierta vigencia acaso y según dónde, también es verdad que en otros, la tribu de ancianos a exterminar, en vez de repulsa goza de estima, y no digamos cuando sobreviene el tiempo de las urnas de la democracia. Es guerra interna que nunca terminará pero no utilizable como título como en viejos tiempos.

En la vida siempre ha estado presente la cuestión de las guerras, que para saber de eso basta con abrir cualquier libro de Historia y hasta de refderencias de la Prehistoria con neardentales, cromañones, homo sapiens, mamuths, etc. Hasta en las mismas páginas de la parte que se supone más amable de la Biblia como es la de los evangelios, cualquier lector puede verse sorprendido en su ingenuidad al leer ese párrafo de No penséis que he venido para meter paz en la tierra: no he venido para meter paz sino espada (Mateo, 10-34), que suena un tanto detonante o restallante en boca y lengua que pudieran parecer ajenas a tanta dureza.

Quizás no bastando con las guerras que los terrícolas son capaces de armar entre ellos que ahí están época tras época como muestrario, hasta la imaginación de los autores de ciencia ficción, a partir de H.G. Wells, se ha entretenido en dotar de ese sentimiento guerrero de posesión y conquista a no sé cuántas hordas de alienígenas, llevando su tea encendida hasta las mismas estribaciones de las estrellas.

En ocasiones, a la manera de fragores volcánicos pero no pocas veces como a la de los meándricos ríos que, en tiempos de crecida van anegando terrenos, casas, comercios y la paciencia de sus gentes ribereñas, pudiera hablarse, cómo no, de los grandes conquistadores como Alejandro, Tamerlán, Atila, etc pero también del sinfín de boyardos, condotieros, coroneles y hasta cabos de no se sabe qué colas de fantasmagóricos ejércitos en cuyas cabezas las duramadres mantienen cilindros de meninges llenos de ambiciones. Pero, por esta vez, al margen de campos de batalla que pudieran trascender en sonoridades guerreras que depositan cadáveres sanguinolentos sobre brocales de trincheras al borde de amenos campos de sol o sobre tundras heladas, hay otras batallas y guerras, otras conquistas que no precisan de derramamientos de sangre, invasiones incruentas que, como en todo lo que la humanidad ha intentado aun miles de años antes que el zigurat de Babel, el fin perseguido era y es el de asaltar el castillo de Dios, esa vaga edificación que ni siquiera la poderosa mente creativa de Lovecraft pudo atisbar si no es entre nunca traspasables sombras. Me refiero, en esta última advocación guerrera que aquí hago, a la conquista emprendida por el mundo digital contra la analógica, una guerra silenciosa si cabe de larga duración ya si tenemos en cuenta aquel propósito enunciado y anunciado por Alan Turing, en 1936, cuando contaba él apenas veinticuatro años, y en donde declaraba que Es posible inventar una sola máquina que pueda utilizarse para computar cualquier secuencia computable, ligeramente antecedentes palabras a aquellas reuniones que bajo el liderazgo de John von Neumann, dieron paso a la construcción de los primeros ordenadores, y, de ahí en adelante, la formidable ala conquistadora que va recorriendo tramos y extensiones totalizadoras a gran velocidad. De la larguísima historia desarrollada desde entonces en ese terreno me llegan conocimientos casi exhaustivos en un libro titulado La catedral de Turing. Los orígenes del universo digital (Editorial Debate), de George Dyson.

Es la historia de una fabulosa conquista, en modo presente y futuro, del mundo digital que, como el más hambriento predador, se va tragando a dentelladas impresionantes y veloces a nuestro pobre mundo analógico, una épica conquista ante la cual, poco podemos decir y sola-

mente aguantar los que inevitablemente pertenecemos y moriremos dentro de la tribu del mundo
analógico, de terrenos cada vez más angostos.

De un fruto amargo

¿De dónde al corazón esa amargura? Su inclusión en esa nómina de lo amargo o del amargor, se debe, muy en particular, a Ignacio Aldecoa, el impar escritor vitoriano. Puso ese título, El corazón y otros frutos amargos (Edit. Ación, 1959) a una colección de relatos que los escribía con maestría difícil de superar, y quien se llevó la mejor o mayor parte del reparto fue ese singularísimo músculo de los cuerpos animales, el más cordial sin duda, por pura etimología (cor, cordis), pero también por condicionamiento y características cuando del corazón humano se trata, que nunca se sabrá, creo, por qué convencionalismos atribuidos o asignados a ese nombre se le ha hecho símbolo de un sin fin de despropósitos, acaso mejor entendible ahora si, como entonces, fuera con personajes como Juan Montilla López, de Barbarroja, a su llegada a ese pueblo de tapias altas como un cementerio, blancas como las de una plaza de toros, tristes como las de una cárcel de ciudad provincial, quien plantado en tierra, la maleta de madera de soldado o de emigrante al hombro, mira hacia la estación que acaba de dejar con algo de huérfano en la mirada una vez que el tren ha desaparecido y siente que el corazón se le alarga, que al corazón le ha nacido algo desconocido hasta ahora, que escribe Aldecoa poniéndose en tercera persona cuando ya está metido dentro de su protagonista que es lo que hace cualquier escritor cuando de ponerse en trance de sus criaturas se trata y desde donde observa que está, estan, estamos (la gama del verbo estar al completo), en una situación diríamos que de cierta desazón, de un impreciso sentimiento de inquietud en nebulosa, en ciernes de algo que fuera a pasar y se espera que pase a no tardar y tarda sin embargo en la espera, que es algo parecido a lo que dijera antes el mismo Aldecoa cuando estaba entretenido con el fulgor y la sangre y escribía sobre el cuartel de la guardia civil en soledad de mujeres febriles por el acucio de la suerte de sus maridos, la feria de fiestas con tintes de tragedia en lontananza, y la espera está hecha de una vaga sensación de desamparo..., que escribe. Cuestiones de la orfandad del corazón en todo, qué duda cabe...

Alberto Basabe

Leo a mi compañero y amigo (no me hace falta el sin embargo de Alfonso Sánchez, tan escuetamente sugeridor de los peligros amicales) Alberto

Basabe, coalumnos que fuimos en las aulas jesuí-
ticas del bachillerato allá por los cuarenta media-
dos, el azaroso futuro con imágenes de noviciado
para él y quién sabe qué meándrica vida llena de
zozobras para mí, que no se sabe por qué no se
abraza la vida religiosa o aún más la monástica,
de mayor seguridad ante los embates del mundo,
por parte de los mansos de corazón, que son los
que no tienen ira, ni aun casi movimiento de ella,
y sin embargo poseerán la.tierra como señores de
sí mismos (gran lección si bien se mira del Astete,
que si así hubiesen enseñado de verdad en ikas-
tolas y seminarios otro gallo nos cantara en materia de terrorismos, qué duda cabe). Leo con
acendrado interés la página 62 de su recién publicada Metafísica del hombre y de la convivencia,
en donde apuntando al corazón, viene a decimos
que es general en las culturas que han florecido
en la tierra (...) considerar al corazón como centro
de gravedad de toda la pretensión vital de la persona, y como el depositario último de la sinceri-
dad. Y no se sabe qué ramalazo de sorpresa
visionaria nos arrebata cuando, acto seguido, seguramente para mejor fundamentar su apropia-
ción también de la simbología cordial, nos dice
que es significativo que en la Biblia la palabra que
aparece mayor número de veces es corazón.

Más de setecientas veces. Bueno es saberlo para ponerse a estudiar su deterioro y para declarar, en forma de minúscula gragea de pensamiento que, a mayor abundamiento de la palabra, más clarines proclaman su desplome, que así, parecidamente, dicen que proclamaron igualmente los cuernos de carnero de bocina y la voz de los pueblos a gritos, siete vueltas a la muralla con el arca siete días seguidos, la caída de los muros de Jericó ante las huestes de Josué, hijo de Nun, asistido por las fuerzas emergentes del arca, corazón del pueblo de Jehová (nunca sea pronunciado en vano su Nombre). Setecientas veces el nombre de corazón en la Biblia, amigo y compañero Alberto, y... ¡cómo no llorar su desplome a lo garcilaso, –salid sin duelo, lágrimas, corriendo– cuando estamos viendo lo que vemos...

Picaresca

Pero, a todo esto, ¿piensa el corazón?... ¿siente el corazón?... ¿ama el corazón?... ¿Es el corazón el centro de las almas?... Si decimos que sí, ¡ay, corazón, qué desgracia! Es verdad que ninguna persona deja de citar al corazón en sus diálogos consuetudinarios; que ningún gran escritor ha desdeñado las ayudas de su numen; que ningún

enamorado se ha hurtado a las caricias de su simbología pero es que resulta que ese reino del én-
fasis cordial que humea en la liturgia del trato
casero se vuelca hacia otros terrenos y, particu-
larmente a uno, que ha contribuido de manera
apabullante a su hundimiento en la vergüenza in-
digna, que se asoma uno a esa televisión nuestra
de todos los días, y ¡qué bochorno de monstruos
en desgañite, qué guirigay obsceno de gritos y au-
llidos!, colocado el corazón ahora ahí en el bajo
vientre en vez de en el noble tórax. ¿Dónde, Alberto, la sede simbólica del querer y del amor que
es el corazón; dónde, ahora, eso que se asienta en
lo que pudiéramos llamar centro sustancial del
hombre?. Si el genio de Cervantes resucitara seguro que daría una nueva versión del patio de
Monipodio, es decir, con un plató en efervescencia de gritos horrísonos, la academia del mítico
maestro de ladrones sevillano expuesta en sus
personajes más conspicuos o más entrañable-
mente obscenos según se mire, la Gananciosa y
la Cariharta y el Repolido y el Maniferro, y ese
Lobillo de Málaga que ya ha llegado y se ha apo-
sentado frente a la cámara dispuesto a chuparla
cuanto pueda que de ahí nace el hontanar de las
ganancias pingües con solo manejar la lengua y
ni siquiera manos de tahur. Y, si en vez del manco

alcalaíno, fuera el señor de la torre de Juan Abad, el llamado don Francisco de Quevedo y Villegas quien reviviera, pudiéramos sentirnos en las mismísimas zahurdas de Plutón, bien que por el camino cómodo y expedito y no por el lleno de abrojos, la colección de la mangancia y el desenfreno bullendo como gusanera bajo mordaz y procaz sol alanceador encima, dueñas y menegildas, mozas en venta ya no de su virgo ¿fue es episodio ya tan olvidado sino de carnes y mentes en fermento que hacen dificil saber donde fué a parar el corazón, ese fruto se diría que más adocenado que amargo al que una pandemia de monstruitos está exprimiendo hasta dejarlo en hilachas.

Sonetos

¿Sirven ya, para qué, las enseñanzas de lenguas? (que no sé siquiera si la pregunta me ha salido gramaticalmente ortodoxa). En número de ciento cincuenta y dos, buen rosario de sonetos, cantó y lloró y gimió su amor y su desventura, su ansia y su fracaso, el poeta Pierre de Ronsard a su númen Héléne de Surgéres que no debía de ser, según ácidos contemporáneos, de la estime estética de su tocaya la de Troya, que la daga más afilada en ironías sobre su persona física la blandió, obligadamente, un cardenal como no podía ser de otra manera, aquel llamado Du Perron, experto en catar bellezas femeninas corno se supone que lo eran todos los de su condición, eclesiástica al igual que la del propio Ronsard, que embebidos en la estatuaria artística de las catedrales y en el refinamiento de los salones, exhibían en el terreno de la sátira su honda formación artística y humanística en general, que, dicho que fue por Ronsard que su amor por Héléne fue solamente platónico, dió en decir Du Perron, en feliz y feroz reflejo, que sobraban las palabras y bastaba el vero retrato de la dama para demostrarlo. Ciento cincuenta y dos sonetos pues los que Ronsard ofreció a la desagradecida, cuya protesta por no gustarle los antedichos poemas, dan lugar a que Ronsard muestre su indiferencia hacia los dos, hacia los sonetos y hacia la dama, expresando a un su amigo, la displicente frase de si no le gustan que los deje, que el amor es así, de ángulo obtuso cuanto más agudo se requiera. Y viene a cuento esta historia de Sonnets pour Héléne de Ronsard, para indicar que, si en el primero de ellos le viene a decir que seule vous serez ma derniere aventure, recalca en el final y en el último verso el reconocimiento de que el Amor y la Muerte son finalmente lo mismo. Una larga andadura para nada como lo es todo en la vida, que si tuvo comienzo un primero de mayo con vides que abrazan olmos y prados y bosques erizados de verdes, termina con lacerías, venenos y penas, que siendo así, en días propicios, los difuntos por un lado y los santos todos por el otro, ojos muertos de lucientes candelas en calabazas huecas en las encrucijadas de las estratatas campesinas, buen escenario para crímenes fantasmas, mientras la sombra del escándalo subía a los escenarios en la figura del Burlador, sea quien fuere su autor de los varios que se pudieran sacar de la manga, hasta el mismo paroxismo burlón de trasunto transexual de la gran dama del cine y del teatro español a quien le cupo el prurito de sentirse don Juan en el escenario cuando se había sentido doña Inés, la bicefalia sexual o el culmen hermafrodita, brazos que se dirigen a ambas direcciones, que ocurre también que, aun embebidos de ciudad ruidosa, miramos hacia la ciudad silente, más bulliciosa estos días por el grave influjo del calendario que protagoniza a los difuntos, vacilante o convaleciente ejercicio, que, vueltos a la ciudad, nos topamos con huesos de santos y buñuelos que es, de esta manera como llegamos a libar, de manera siruposa, las enjundias de los difuntos...

Dogdson

Hablan los que se suponen que están vivos (que habría que ver) de sus chácharas de procesos y paces, de diálogos obscenos y otros galimatías, que las palabras se prestan a estas reviradas revueltas que tanto les gustan, que en esto de disfrazar el significado de las palabras habría que recurrir a otro reverendo, Charles Lutwidge Dodgson, denominado mayormente Lewis Carroll, de encanto narrativo incomparable por supuesto, del que quedó encantada Alicia mejor una vez que pasó al otro lado del espejo, lugar sublime. Ducho en extravagancias lingüísticas de poner nombres corno le petara algún personaje del tal Dogdson, que en ello estamos también por estos lares, que hay preguntas tan directas que solamente pueden ser contestadas mirando al infinito y llamándose andanas que es lo que hace el que menos derecho tiene a hacerlo, que hay quien dice tener derecho a saber sobre qué tierra se cree que se pisa y ni eso, que hay quienes van aceptando todo lo que sea porque se va acostumbrando que es cosa de costumbre hasta el caer en la ignominia. Pero hablan no solamente los vivos sino también los muertos, ahora muy fuerte la voz de don Pío desde su cementerio civil, gran título, al medio siglo de ser enterrado para ser siempre desenterrado como se está viendo, que lo dijo el poeta de un muerto, de cualquier muerto, el muerto anónimo, que sólo quedan los ojos que preguntan en la noche total, y nunca mueren (José Luis Hidalgo), que nunca mueren esos ojos y nunca las preguntas, que corre por banda, fría y blanca como ventisca, la sombra fantasma de Aashaverus, el errante, que se asomó en algún momento a la política que es tierra sobre la que se dice que crece la planta del poder que puede ser como aquella de los tiempos ya lejanos en medida carnal (nunca en medida temporal que usa de otros baremos) de la posguerra, planta entronizada como a manera de un sagrado corazón, el dios lar de la casa toda, sahumerios, humaradas, olores a fritangas y cocidos y, en medio de todo, ella, la mayestática, la planta mater a la que se debe todo honor y gloria.

Hölderlin

Con tipos aviesos como nos rodean, maquiavelos enanos, con los que ya sabemos para qué sirven las palabras, tapaderas del pensamiento, se nos abre el mito de Babel, que leía yo hace poco, en estas mismas páginas, la historia de su fin por medio de un sistema de traducción automática de la voz recogida en los mismos veneros, el gestual de los labios que basta, que ante semejantes logros, dígame usted si vale la pena promocionar lenguas que, cuando se perfeccione el invento, que lo será a marcha de gato con botas, el mundo puede ser que no sea más que una isla de silencio que navegue por los espacios. Y tengo leido que había escrito Hölderlin, en carta a su madre, enero de 1799, y que mereció el comentario de Heidegger, que se le ha dado al hombre el albedrío y un poder superior para ordenar y realizar lo semejante a los dioses y, al mismo tiempo, el más peligroso de los bienes, el lenguaje, para que

con él cree y destruya, se hunda y regrese a la
eternamente viva, a la maestra y madre, para que
muestre lo que es, que ha heredado y aprendido
de ella lo que tiene de más divino, el amor que
todo lo alcanza ¿De quien como forajido hablamos, de quién como falsario hay que pregun-
tarlo?...

Añadía Hölderlin, el poeta del poeta (Heidegger), y quizá como resumen de su poesía toda, y
en su derecho de poetas que es estar de pie antes
las tormentas de Dios, con la cabeza desnuda,
que es poéticamente como el hombre habita esta
tierra. Poéticamente en el vivir, acaso; amor y
muerte aunados en el último soneto de Ronsard;
voces vivas de muertos que piden justicia y no se
quieren oir desde ese cementerio alzado en cualquier esquina..

Tiresias

¿Por qué fue castigado Tiresias con la pena de ceguera? ¿Por ver demasiado o por atreverse a juzgar? De ambas versiones y de algunas más nos enriquecen las fuentes de la mitología en sus varias ramas con sólo saber elegir a unos buenos escoliastas. Ver desnuda a Menea en compañía de sus ninfas no es delito preclaro si no va más allá de la simple intromisión de un voyeur sexual, pero se agiganta la culpa cuando se puede encuadrar mejor en la persona de un depredador de lo sagrado, de un intruso en la intimidad de la diosa, de un profanador del misterio de la divinidad en suma. Juzgar en el difícil juicio de cuál de los dos sexos experimenta mayor placer en el acto del amor, parece como si le estuviera reservado a la compleja condición sexual de Tiresias, sublime ejemplo de androginia en sus alternadas metamorfosis con la cópula de las serpientes al fondo, que no duda en señalar que gana la mujer por nueve de las diez partes, quedándole al hombre sólo una, lo que desagrada a Hera, diosa del matrimonio y no de la pasión ni del hedonismo sexual como se sabe, hermana y esposa de Zeus, modelo de mujer en sus facetas más abarcadoras de lo femenino matronal y maternal, feroz en sus celos y cruel en sus venganzas a causa de las infidelidades de su consorte divino, Pero, de provenir de esta última causa el castigo de Tiresias, anotamos que se trata de un caso más, relevante por quien se trata y por la magnitud del castigo (aunque también por la de la compensación) del azaroso ejercicio de los jueces. Claro que, como en el caso de Paris, otro juez cuyo juicio originó el mayor cataclismo de la antigüedad como fue la guerra de Troya, la cuestión sobre la que opinó pudo ser aún más resbaladiza que en el caso de Tiresias, que nadie puede juzgar impunemente sobre la belleza femenina, al menos cuando las optantes a la manzana de oro lanzada por Eris, (la Discordia, en versión de Virgilio) para la más hermosa, eran nada menos que Hera, Atenea y A frodita. De todas formas, casos tales y otros muchos, dejan en claro que el oficio de juez, es profesión arriesgada. Y, como con jueces nos encontramos a poco que queramos tratar de nuestro presente y en ellos se vierte de momento la responsabilidad de lo que en el terreno político tan zozobrante viene sucediendo, nos valen las dos preguntas que se hacen al comenzar este texto: ¿por qué el castigo a Tiresias? ¿Por ver, o, por juzgar?. O, por dirigirnos por otras vertientes,

¿no será por haber hecho mal una o las dos cosas?...

Miedo y estrellas

Radica en gran parte el problema que vivimos por estos lares, como en todos en los que la libertad se ve coartada, en que vemos mucho, no queremos juzgar y preferimos vivir como en nebulosa, como en ceguera, mirando hacia otro lado, quien sabe si a las estrellas que lucen siempre frías, distantes, maravillosamente ajenas, que es como queremos estar también nosotros, alejados de esta turbulencia anímica que nos está corroyendo desde hace más de cuarenta años, que acaso, siendo cobardía como lo es el no querer mirar las cosas de frente y manifestar nuestra opinión sobre lo que vemos, nos justificamos también diciendo que quizá no será tan pecaminoso mirar a las estrellas cuando todo lo que nos rodea se hace atosigante y lo que se prefiere es hurtar la mirada a lo cercano para fijarlo en lo lejano, allá lejos en el cielo frio y vacuo como los vemos a los espacios celestes los que no somos astrónomos; cale, si es verdad que no hay peor ciego que el que no quiere ver, como nos señala el sentir popular, lo que nos importará, sobre todo, será justificar esa fuga de la realidad, y, sobre todo, no juzgar, no opinar, no hablar, no descubrir nuestras cartas, no sea que revierta sobre nosotros el cruel castigo de Tiresias, es decir, optar por vivir bajo el miedo.

Los podencos

De todas formas, con Tiresias o sin Tiresias , de muertos y de paz es, seguramente, de lo que más se habla en estos momentos, que es, también, de lo que más vemos y de lo que menos nos atrevemos a juzgar. De muertos a los que se quiere resucitar y a los que se resucita, tal es la fuerza yo no sé decir si de la memoria tan solo, o de la revancha también, o de un denso odio que se ha ido fraguando a la par que la tierra que los cubre, tierra sobre la que ha llovido mucho, ya se sabe, a pesar de las desertidades de las que se habla, han caido soles que han sido como hornos donde tejar el barro como costra impenetrable, pero nunca se ha hecho masa tan dura como para que no dejase escapar por entre sus intersticios algo más que un espíritu gaseoso, algo más que esos fuegos de cementerio a los que se dió en calificar de fatuos en flagrante insulto o injusticia de su entidad específica, de sabios fuegos orgánicos trocados en luces que son voces, voz de muertos irredentos tan difícil o imposible de acallar. Toda una tropa de podencos humanos se ha puesto a desenterrar la memoria de los muertos en primer lugar que no es lícito dejar que también sus huesos se pudran como se pudrió su carne; mucho menos su memoria; menos aún su simbolismo; aún infinitamente menos, su conveniencia. De la utilidad de los muertos hizo épica insuperable acaso, aquel gran satírico de las letras rusas que fue Nicolay Vasilievich Gogol (1809-1852), pero eran sólo almas muertas cuando aquí su alma no ha muerto, que acaso lo que se quiere demostrar es que las almas son inmortales como el Ripalda y el Astete enseñan o enseñaban, y se cava en las sepulturas, se exhuman los restos, que ocurre simplemente que los tales podencos antedichos olfatean solamente por una solamente de sus fosas nasales, que parece que estuvieran algo como aquejados de birrinia, que, en el caso presente, puede ser como una malformación ideológica. Un poeta de hoy mismo, llamado como poeta Ramón de Garciasol (Miguel Alonso Calvo, nacido en Humanes de Mohernando, Guadalajara, en 1913, según su DNI) advertía a los Labradores castellanos, en su libro Canciones (1952), dónde estaban los muertos sin ningún fallo en su olfato: Labradores castellanos bajo la paz de la tierra/ hay muchos muertos sembrados/ por la guerra./ Aunque ahondeis mucho el arado/ no se quiebran. Habla pues, Ramón de Garciasol también, de la paz de la tierra, que pensando en clave surrealista, tampoco se sabe bien, en qué tipo de pacífica armonía o no, descansan o no descansan los muertos, que a algunos al menos, después de setenta años, de haber o no podido conciliar el descanso, se les ha despertado de improviso que, visto lo cual, no es de extrañar que los podencos birrínicos de la otra fosa nasal den en realizar otras resurrecciones con lo que ya tendríamos enfrentados nuevamente a los viejoscombatientes en plan de batalla, lo que hace recordar, por contraste, y no sé si también como ejemplo, aquella escena de muertos que se abrazan en versión de José de Arteche que da título a uno de sus libros más conocidos.

Con Chesterton

Aunque mediaba su conversión, un tanto extraña, no era fácil creer que lo decía de verdad. Venía a ser, sin duda alguna, la frase apoteósica (¿por qué no también la apologética?) del milagro. Su carnet de identidad suprema: El K.O. fulminante de las leyes naturales por el trallazo violento de la evidencia, según es posible que lo viera así él: Lo más increíble de los milagros es que ocurren. La frase que alborea, ipso facto, en la boca del hombre mortalmente herido hasta en su misma esperanza. La que no escocería, según en qué situación, ni siquiera en los labios del ateo en bisbiseo orante. La que pide, con la voz más cóncava, todo aquel que algo espera contra toda esperanza. Es decir, todos, para mejor decirlo.

Lo digo ahora cuando creo entrever una fiebre del milagro como en tiempos pasados la del oro que tanto conmocionó a ciertas personas y en ciertos lugares. Primera pregunta: ¿A dónde dirigir nuestra primera mirada: A París o a El Palmar?, que es, como cuando entonces: ¿Al Yukón o a California? ¿Cuál la mejor alternativa religiosa?

Sin querer llegar a banalidades neologistas: ¿qué

mejor que llamar balonismo a esta poderosa religión de nuestros días? Y, en cuanto a El Palmar, ¿dónde encontrar nuestro alimento religioso mejores menús incongruentes? Pasa que toda religión necesita contar con milagros para su subsistencia y, si en busca de esos milagros van ángeles y arcángeles del dios Balón cambiando de lugar para sus ritos y adoraciones como tienen por costumbre de tiempo en tiempo y llenando ahora los estadios franceses, también en El Palmar parece que dieron con el filón tan pródigo de sus milagros aunque hayan dicho algunos que son falsos.

Vengo a pensar que, si ahora me sintiera dios con unos grados por encima de los que todos hemos sentido cuando creíamos ser divinos en algún momento de nuestra vida, seguro que llegaría a sentir celos. Y buscaría la ayuda del milagro sea como sea para poder batir a la competencia y dejar claramente establecido quién es quién. O, mejor dicho, quien tratase de arrebatarme el trono y la corona en esa especie de justa o torneo donde las lanzas se trocaron en ágiles piernas, ya no tan caballerescas, y en ámbito donde la esencia de la divinidad está jugando en bazas que se llaman goles en los estadios franceses, mientras que, en El Palmar, ¡ay, en El Palmar!...

Ya se sabe que, para la gran (o inmensa) mayoría al menos, el egoísmo y el egolatrismo son dos religiones que nos son comunes y que ambas adoraciones cuentan con un gran número de fieles creyentes. Y, diría yo que, al margen de que se considerara más tontos que ilusos a los pertenecientes a tales cofradías, lo cierto es que también ellos están dotados del derecho de creer que esos tontos o ilusos son los que no formamos parte de ése su grupo. Y es que, séase como sea, a nadie se le puede negar su derecho a pensar como quieran por mucho que rechacemos o hasta abominemos en algún tiempo de sentimientos y pensamientos que chirríen demasiado o nos den grima.

Volviendo a Chesterton y puestos a hablar de ese sentimiento endiosado que nos es tan común, recuerdo yo aquel reparto tan tacaño que aquel hombre tan generoso (el antes mentado G.K.), hizo sobre las posibles clases de gente, que decía que no eran más que tres, claro que advirtiendo de que se trataba de una manera de hablar más que otra cosa, y decía:

Hablando brutalmente hay tres clases de gente en este mundo. La primera clase de gente es el Pueblo; posiblemente integra la clase más amplia y de más valor. Debemos a esa clase las sillas en las que nos sentamos, las ropas que vestimos, las casas que habitamos; y verdaderamente (cuando llegamos a pensar en ello) probablemente nosotros mismos pertenecemos a esa clase. La segunda clase se podría denominar por conveniencia la de los Poetas; por lo general, son un mal para sus familias, pero una bendición para la humanidad. La tercera clase es la de la gente pensadora; y éstos son un tizón y un objeto de desolación para sus familias y para la humanidad. Se comprende que la clasificación exagera algunas veces, como todas las clasificaciones, que una vez dada la lección y ¡vaya por qué maestro!, a cada uno le queda el trabajo de colocarse donde le correspondiere y adoptar su correspondiente trabajo.

Del Yukón a California en busca del oro y recordando películas, y libros sobre aquella fiebre que tanto se pegó a nuestras meninges diríase que hasta a prueba de alzheimeres, como quedarán seguramente para algunos, y tiempo futuro, estos partidos de los estadios europeos de ahora mismo y los chuscos episodios de El Palmar, mientras que el Vaticano, que algo tendrá que saber de milagros, se supone, parece que haya quedado algo atrás en esta carrera quizás por falta de fe, ¡qué cosa!, y por episodios como los de Ezquioga y otros muchos parecidos, aunque le queden fábricas de milagros varios mientras que los ángeles del balonismo tratarán de dejar en alto, su pabellón, sustituyendo si es preciso sus piernas por drones con magníficos tiros a puerta. (Restos) : fesirek b La primera clase de gente es el Pueblo; posiblemente integra la clase más amplia y de más valor. Debemos a esa clase las sillas en las que nos sentamos, las ropas que vestimos, las casas que habitamos; y verdaderamente (cuando llegamos a pensar en ello) probablemente nosotros mismos pertenecemos a esa clase. La segunda clase se podría denominar por conveniencia la de los Poetas; por lo general, son un mal para sus familias, pero una bendición para la humanidad. La tercera clase es la de la gente pensadora; y éstos son un tizón y un objeto de desolación para sus familias y para la humanidad. Se comprende que la clasificación exagera algunas veces, como todas las clasificaciones.

"F" de Fútbol

A pesar de que algunos ya dejaron expresa su inquina antiespañolista y otros se la guardaron ellos sabrán por qué, y unos pocos nos dedicábamos a nuestro habitual quehacer de leer esquelas, lo cierto es que España, en su gran mayoría de gentes, ha estado con la selección futbolística que llevaba su nombre. Y, al margen del resultado (y del ámbito futbolero por supuesto), esta entrega ha sido su mayor triunfo en la Eurocopa. Sucedió que, de pronto, un cálido viento pasional se apoderó de la gente (nada raro, sin embargo, cuando del fenómeno futbolístico se trata), y excepto esos tales ya citados, fueron multitudes los que aquí y allá, dentro y fuera de la Península, muy cerca o muy lejos del lugar geográfico donde se dirimía la batalla, en su epicentro y en sus más alejadas ondas concéntricas, empezaron a agitarse en una especie de irresistible pandemónium entre banderas y camisetas y gritos y bailes y saltos... Pudiera haberse comenzado así la crónica de esos encuentros de dos masas de gentes animando a once muchachos de cada lado cada vez, la gana de ganar en el fondo de sus intenciones y el regurgir de sus tripas y el resonar horrísono de sus gargantas o de sus bien remojados gaznates. Era el fenómeno indehiscente a una algarada deportiva de las que poco más que en estos entornos se producen, era que a la actualidad le había salido, una vez más, una protuberancia esta vez bajo la letra F del alfabeto, una como medusa (que acaso sea mejor acogernos a este símil por la estación veraniega que atravesamos y la temporada de playas) que venía a poner efervescencia a sentimientos de no se sabe qué componentes, eso sí, desmesurados como todo el mundo sabe. La actualidad ha izado una gran bandera con infinitos banderines y banderitas que han estado ondeante a vientos de fútbol futbolero *(er furbo en versión coloquial arrabalera o simplemente doméstica, tanto monta)* hasta el fin de esa contienda de naciones que se equivocaría quien piensa que acaba de finalizar este domingo pasado pues que no acabará ni aún más allá, hasta el infinito eterno que esta inundación nunca nadie será capaz de encauzarla, todos pendientes de lo que puede depararse de las correrías, regates, toques y disparos de veintidós piernas más o menos zanquilargas contra los protagonizados por otros veintidós. No es que el invento sea nuevo como también todos sabemos. El fútbol, es decir, una de las más famosas notaciones de la actualidad, una especie de gorgona gigantesca que ha aojado a multitudes de cuerpos y de almas y de sentires y de ambiciones, etc, etc, viene de viejos tiempos, una pasión de niños que, instintivamente, al igual que esos patitos que se tiran al agua nada más salir del cascarón porque algo les dice que ése es su elemento natural, se ponen a correr detrás del pelotón, se visten sobre el torso unas camisetas que son como el lábaro de su identidad originaria y se entremeten en el proteico (y también protozoico) mundo de las significaciones tribales, de los delirios patrióticos, de las exaltaciones épicas. Tampoco es cosa nueva que los fastos (y aun los nefastos) del deporte arrastren los ánimos, que ya Píndaro, allá por los quinientos años antes de Cristo se dejó seducir por la magia emanante de las proezas de atletas como Milón de Crotona y el Discóbolo compite con la Venus de Milo en los anales de la estatuaria clásica, pero el ascenso en la actividad de ensalzar las hazañas corporales todas —no diré yo que en detrimento de la mente que ambos cultivos son posibles y compatibles y la vieja frase de la mens sana in corpore sano puede seguir siendo vigente (más o menos), axial (más o menos), definitiva y definidora (más o menos)— ha mostrado una curva espectacular dirigida hacia las estrellas, que, por esta dirección y este ascenso no se hace nada descabellada esa expresión tan corriente en ámbitos futboleros sobre todo, de tocar el cielo, y es que, en ello están... Se hace imposible, ni aun siquiera ahora cuando por esta vez la contienda ha terminado después de muchas exaltaciones y excoriaciones, después de sudores fríos y sudores manantiales, después de descargas ingentes de adrenalina y vómitos de pesadilla, después de que ha quedado atrás la euforia de la pasión o la tristeza del desencanto o la gloria del triunfo, después de que los goles no son más que dulces frutos apasándose en los archivos y que volverán a masticarse cuando el calendario, una vez más, llame a su puerta, imposible, repito, poner en marcha viejas ironías sobre el deporte en general y sobre el fútbol en particular, un terreno en el que fue maestro el eximio humorista Wenceslao Fernández Flórez, un raro inventor de expresiones y definiciones futboleras, que sería por ese lado por donde le asomaría a ese deporte su ala eutrapélica más ágil, su válvula de escape de tanta pasión desarbolada y colocar en el lugar preciso que es la de un simple juego, aunque se sepa que esa consideración ya nunca volverá a ser posible. La importancia (y hasta la prepotencia se pudiera decir), de la cuestión futbolera ha alcanzado tales cotas que no parece que hubiera fuerzas suficientes ya, para que esta tendencia fuera a torcerse o pararse. El fútbol es el deporte rey y ha logrado reinar en los múltiples corazones de la gente, o, para mejor decir, en el unificado corazón de la multitud, ese impelente émbolo movido por un numinoso coro de futboleros que han encontrado en su deporte favorito la manera de sentirse héroes con solamente sentarse en alguna tribuna del campo o más simplemente aún ante el televisor; que han resuelto, asimismo, esa fórmula que hace posible la dilución de su personalidad en unos colores y que hasta un cojo pueda decir con orgullo flamígero que hemos metido un gol recorriendo así infinitos páramos de desorganizada irracionalidad, tan antilógica como antinatural. Y, más fuerte aún. Estamos en la desorbitación y nutación de la naturaleza de los dioses, y, en definitiva, puede proclamarse que el actual Romancero, ese listado de honor de los grandes héroes patrios, se ha estado escribiendo estos días pasados bajo la letra F de Fútbol y así se seguirá escribiendo.

¡Laus Deo!.

Cuchillos

Breviario de la siempre apoteósica ilación con un indeclinable erotismo del miccionar femenino que al heterosexual ortodoxo siempre le traspone), "acechando a Neruda con sus celos, al extremo de que se paseaba alrededor del lecho donde el poeta intentaba dormir blandiendo sonámbula un cuchillo con el que planeaba matarlo", bien por ello hizo posar en el poemario nerudiano ese gran cuchillo que se nos asoma desde "Tango del viudo" poema limítrofe con imágenes malignas y en donde se confiesa cómo "enterrado junto al cocotero hallarás más tarde el cuchillo que escondí allí por temor de que me mataras, y ahora repentinamente quisiera oler su acero de cocina"...;

El cuchillo 21 mayo 2008

"...dos mujeres de afilado cuchillo han dejado ver, en los últimos días, su fisonomía de valentías míticas demostrando sin alharacas que el populachero sentido de la varonía no reside en la entrepierna sino que luce más por las lindes del corazón y de la mente". ¿Quién hace qué, o, qué

152

hace a quien? Es decir, ¿la ocasión al hombre o el hombre a la ocasión? O, ¿la herramienta que descansa y se le adivinan potencias que no puede ocultar, y tantas veces con irisaciones o apetencias de asesinato?

Hasta un presidente de Audiencia, en la Barcelona de un Estatuto que va pareciéndose más que a muralla china no sé si también en versión kafkiana, deja corretear o chispear con relumbres muy opacos (dicho sea aunque en oxímoron), el azogue de un chiste poco afortunado según y cómo; poco afortunado para los que pueden resistir y hasta horrorizarse por la comezón de ese ludibrio humano de la mujer asesinada, una aproximación a alguna de las obras del inconmensurable Jardiel Poncela, que echa a volar el pájaro papel de la hedionda suposición implícita en la mente de todo marido según los alones del chiste que vuela a ras de suelo, que usted me dirá "si no ha tenido nunca ganas de matar a su mujer", que dicho esto en esta tierra de garbanzos donde no hay día en que un marido cualquiera, séase compañero sentimental o enemigo vitalicio arma su brazo de invectivas rencorosas y esgrime el cuchillo mejor siempre el de cocina acostumbrado a rajar tantos redaños, mondongos y entresijos cárnicos- y degüella a la parienta en variedad de estilos, que la operación puede conjugarse también por pasiva y ocurre entonces que el cuchillo cocinero, como se verá más adelante en el caso de la amante de Neruda, quita penas al marido que, hasta han inventado eximentes para puniciones de féminas asesinas que será, supongo, por eso de las leyes paritarias, de la igualdad de género y otras mandangas...

Corday, Neruda, Zweig.

Tengo ahora, frente a mí, acabo de dejarlo sobre la mesa para escribir estas líneas, un cuchillo de cocina de gran chef. Chef, de esos de grandes cocinas y de grandes mostachos si es posible, como uno se imagina a uno de los de verdad de esos magos de la sartén y del cazo que me asoman desde las ilustraciones de los clásicos de la literatura culinaria, emblemáticos volúmenes situables en la biblioteca ideal del arte de los fogones y actividades similares, que yo no sé cómo era, en carne mortal, el ínclito Domenech pero me es un recuerdo infantil imborrable que su libro estaba, como en hornacina sagrada, en un armario de verdes cristales del comedor de mi casa natal, libro de recetas culinarias tan sofisticadas y libro de ilustraciones de utensilios y he-

154

rramientas de tan sutil embeleco como para poner en práctica aquellas. Pero, volviendo a mi cuchillo, de vaivén éste, diría, de balanceo, de babores y estribores que se disputan la caricia de las olas hirvientes en los que se escalda lo que luego será rica vianda, el acariciado por dedos untuosos de amolador que va por la calle haciendo sonar su silbato de dorremís en toda la alargada gama de las siete notas en un sólo soplido de incandescente melopea y haciendo que todas las herramientas se pongan a temblar de misteriosas resonancias, que por la calle pasa el flautista mágico y hay que seguirlo hasta el recodo de la iluminación trágica, hasta su destino de misión cumplida, el río caudaloso en donde van a parar todos los niños detrás de todas las ratas que así es como vio la bienaventuranza vengativa sobre el desagradecido lugar de Hamelin el cuentista sin par, vengo a pensar si a cada cuchillo hay que preguntárselo si en qué manos mejor, si en las de Carlota Corday sorprendiendo a Marat en el baño claro está ¿dónde si no, si a todos nos sorprende el puñal de la última pregunta en la vía de la costumbre cotidiana por la que atravesamos todas las horas del reloj y todos los días del calendario?...; o, si en las de la novia del miedo tránsfuga de Neruda, que dice Skármeta (Neruda por Skármeta (Planeta Seix Barral, 2004) que era dama de ascendencia holandesa de nombre María Antonieta Hagenaar, transfigurada poéticamente en Josie Bliss, que, sensual y misteriosa, recordada sobre todo por el sonido de su orinar en la oscuridad, en el fondo de la casa como vertiendo una miel delgada, trémula, argentina, obstinada (breviario de la siempre apoteósica ilación con un indeclinable erotismo del miccionar femenino que al heterosexual ortodoxo siempre le traspone), "acechando a Neruda con sus celos, al extremo de que se paseaba alrededor del lecho donde el poeta intentaba dormir blandiendo sonámbula un cuchillo con el que planeaba matarlo", bien por ello hizo posar en el poemario nerudiano ese gran cuchillo que se nos asoma desde "Tango" del viudo poema limítrofe con imágenes malignas y en donde se confiesa cómo "enterrado junto al cocotero hallarás más tarde el cuchillo que escondí allí por temor de que me mataras, y ahora repentinamente quisiera oler su acero de cocina"...; o, si en el kriss malayo que, con tanta enjundia narrativa cuenta Zweig en "Amok", es decir, el "amok" es una cosa así, un hombre que está sentado bebiendo tranquilamente en su habitación, que, de pronto, se levanta, toma el puñal y corre por la calle sin saber a dónde, mata con

su "kriss" a todo al que encuentra en su camino
y corre y corre lanzando agudos gritos y esgrimiendo su puñal ensangrentado...

Maugham

Tres cuchillos de fulgores trágicos, pero, a pesar
de todo, no se sabe si tanto como otros no por
manos solas esgrimidos, que los hay de filo tan
desmesurado que, lingüales, sajan el mundo y que,
mentales, establecen distancias entre conceptos e
ideas, una dimensión entre filosófica y moral. De
entre los miles de ejemplos posibles, dos mujeres
de afilado cuchillo han dejado ver, en los últimos
días, su fisonomía de valentías míticas demostrando sin alharacas que el populachero sentido
de la varonía no reside en la entrepierna sino que
luce más por las lindes del corazón y de la mente.
La una, esgrimiendo el cuchillo de la generosidad
ha bendecido una tierra en sus gentes que acaso
más de uno crea que no merecen esa bendición
que las fluctuaciones de ánimo desdibujan impre-
siones primeras con segundas hasta el punto de
que, con algunos, nunca se sabe a qué atenerse,
o, por el contrario, y aquí está la clave maldita, si
se es medianamente suspicaz, sí que se sabe que
surgirá el momento de la dura confrontación con

lo que ayer dije y con lo que hoy diría, momento del arrepentimiento que es enfermedad que tantas veces surge en lo hondo del ser del que no supo sustraerse a su propia generosidad y se le pide que sea aún más generoso al pedirle el olvido; y, los hay, decíamos más arriba, cuchillos mentales con los que viene a emparentarse, de alguna manera, un tanto elipsoidal se diría, aquella de Somerset Maugham cuyo filo sajaba el melón del bien y del mal, fruto envenenado que florece en la hojarasca aleve de la política y no en mentido edén alguno, y que a la avisada intuitiva le hace ver lo que tiene sentido o no lo tiene o, dicho de otro modo, a qué destierros puede llevar la coherencia, necesaria sin embargo esta virtud para no anegarse en pútridas aguas... Que, para terminar, dígase que así lo digo, que el que quiera entender que entienda... que se ha escrito un crimen, que el escritor polaco Krystian Bala ha sido acusado de cometer el asesinato que con tanto detalle describe en su primera novela, Amok, que ¿la vanidad de asesino perfeccionista? A estas horas es lo que se pregunta el juez encargado de un extraño caso, este del escritor Krystian Bala, acusado de matar a Dariusz J., un hombre solvente, de éxito, sin grandes problemas, que apareció mutilado en las aguas del río Oder a su paso por Wraclaw (Polonia). Por coincidencia o por orgullo, la única novela de Bala relata el asesinato con una precisión de la que, según la Policía, sólo puede ser capaz el ejecutor del crimen.

El cuerpo de Dariusz J., propietario de una pequeña agencia de publicidad, apareció con marcas de torturas y las manos atadas con una cuerda en diciembre del año 2000. La Policía no tenía ningún sospechoso y los medios de comunicación prestaron muy poca atención al caso. Sólo unos correos electrónicos enviados desde unos cibercafés de Indonesia y Corea del Sur calificaban este asesinato de "crimen perfecto".

En 2005, la Policía recibió unas llamadas anónimas instando a sus agentes a que leyeran la novela Amok, de Krystian Bala, la primera obra de un licenciado en Filosofía de Wraclaw, publicada dos años antes. El inspector Jacek Wroblenski compró el libro y llegó a una conclusión: sólo él y sus agentes, o el asesino, podían conocer tantos detalles.

El escritor fue detenido y, según él, torturado. "Me leían partes de mi libro y me preguntaban por las razones de cada línea. Confundían la novela con un escrito autobiográfico, y se la sabían de memoria", declaró Bala, según recogió el diario londinense The Times.

A causa de las denuncias del autor sobre los presuntos abusos policiales, se creó en Polonia un comité de apoyo a Bala. La Policía no fue capaz de encontrar las evidencias suficientes para encausarlo, aunque sí le retiró el pasaporte durante tres meses y le confiscó el ordenador.

Pero el inspector Wroblenski no se dio por satisfecho, y descubrió que el escritor era un experimentado submarinista, que había estado buceando en el mar de Indonesia y Corea del Sur justo los días en que fueron enviados los correos electrónicos. Además, verificó que Bala había vendido un móvil como el que usaba Dariusz J., y que no fue encontrado, cuatro días después de su asesinato. Por último, el muerto era un conocido de la ex esposa del autor. Es decir, lo suficiente para volver a encausarle.

Bala aceptó someterse a un detector de mentiras, pero se comprobó que antes de contestar se tomaba un tiempo, el necesario para evitar las señales físicas que revelan al siempre apresurado mentiroso. De momento, no había dado ninguna muestra de debilidad.

Pero el juez tenía la última palabra.

La pregunta

Ya es que ni siquiera me acuerdo de la última vez que estuve en Oregón. Debió ser en compañía de Raymond Carver (1939-1988) nacido en esas tierras aunque hable más él de personajes posibles en toda tierra y en todo ambiente, junto con principiantes, de algún gordo que es la persona más gorda que vio en su vida, de caballos en la niebla, de tres rosas amarillas, etc, etc.. O, en un buen leer (que también resulta ser un ir bien acompañado), recuerdo que pasé por esos lugares con dos libros como muleta, los escritos por Jean-Louis Rieupeyroute sobre la Historia del Far West (Luis de Caralt, Editor, 1972), en donde habla con amplitud, con comienzo en su página 210, de Oregón o el espejismo de los emigrantes (1830-1836) y, a partir del sueño de aquel humilde maestro de escuela de Boston, Hall Jackson Kelley, lector apasionado de los relatos de Lewis y Clark, que creyó en Oregón como si el paraíso terrenal fuera tanto por su suelo, su clima, sus recursos económicos, sus reservas papeleras y forestales y su comercio, y puso todo su empeño a dar a conocer esta región, que a esos sus sueños se juntó la aventura de Nathaniel J. Wyeth, como

161

hombre de acción, comerciante y empresario; que también discurrí por esos lugares, igualmente, por medio de lecturas con algunos de los muchos escritores westernianos que confieso haber leído, quién sabe si formando parte, en sonsonete, de alguna de aquellas caravanas que, con sus cantos y risas, las rutas seguían sin sentir su dolor como cantaba Jorge Sepúlveda allá por los 40.

Pero eso es lo de menos. Mencionar Oregón ahora, estos días, todos lo sabemos, tiene otra motivación que la de la novelería andante, que tampoco es cosa de ponernos en plan quijotesco y abjurar de los libros de caballería y de nuestra maldita libroadicción.

Esa otra motivación a que me refiero es la que nos oferta o propicia ese individuo de 26 años, Chris Harper Mercer, sin novia ni amigos y despedido del Ejército al mes de incorporarse en filas por no cumplir las condiciones mínimas (como viene escrito en los periódicos).

Aunque haya graves, sesudos y muy entendidos psicólogos que opinen lo contrario, me atrevería a decir que, en no tener novia, ni amigos, ni tampoco no ser admitido en el ejército, no hay los suficientes motivos para organizar (o desorganizar) un tiroteo que se llevó a nueve estudiantes por delante, que somos muchos los que hemos pasado por esos trances derrotistas sin que haya mediado ni un solo tiro, quizás por no tener siquiera a mano ningún arma de fuego.

Siempre que ocurre una de estas tragedias tan de sopetón, más bien se diría que es un mal viento que se nos introduce por los poros y nos enardece los aires asesinos. Me acuerdo yo, por ejemplo, de aquel fenómeno que narró, con su fuerza y elan tan característicos aquel gran escritor que fue Stefan Zweig al encontrarse con aquel extraño fenómeno del amok y el kriss malayo, y nos venía a decir que el amok es una cosa así, un hombre que está sentado bebiendo tranquilamente en su habitación, que, de pronto, se levanta, toma el puñal y corre por la calle sin saber a dónde, mata con su kriss a todo al que encuentra en su camino y corre y corre lanzando agudos gritos y esgrimiendo su puñal ensangrentado..., que tantas veces me acude en cuanto tengo que escribir correlaciones de semejantes episodios, resultan ser tan abundantes que este artículo se me escribiría solo y solamente echando a la cazuela del escribir, salsa de ropa vieja de sobras u olla podrida; de todas formas esos como grumos que les salen a las neuronas en los momentos más impensados, que, puestos a ello, al kriss malayo de Zweig le podría añadir el cuchillo de Carlota Corday (a escena la imagen tan humedescente de Marat nada más levantarse el telón); así como la

163

novia del miedo de Neruda, que dice Skármeta Neruda por Skármeta (Planeta Seix Barral, 2004), que era dama de ascendencia holandesa de nombre María Antonieta Hagenaar, bautizada artísticamente en Josie Bliss (un recuerdo de ella en soniquete de eróticas cadencias sobre todo por el sonido de su "orinar en la oscuridad, en el fondo de la casa como vertiendo una miel delgada, trémula, argentina, obstinada".

Pero de lo que quería hablar aquí, y de ahí su título, es de la pregunta de Chris Harper Mercer; de ésa que formulaba a su paso asesino, armapregunta heteróclita de dos filos, de muerte para el sí y de piernas para el no, y al que encuentro resonancias a la que proponía el P. Astete (1537-1601) al inicio de su famoso Catecismo.

Enclavada entre fe y gramática, la pregunta del jesuita salmantino: ¿Sois cristianó?, confieso que me tuvo intrigado algún tiempo, ya que a mi mente infantil, sin más conocimiento que el de su tiempo histórico, se le hacía difícil concertar el plural del sois con el singular de cristiano, difícil mezcla para ese niño que se acerca con miedo a lengua ajena tan deslizante por insegura, sin reparar que la pregunta tiene resabios renacentistas, algo sorprendentes para quien aún no domina a los clásicos.

El infierno

Aunque alguna vez me he reido sin estridencias del ingenuo chauvinismo (¿o sería mejor escribir txobinismo ahora?) del cura Gorriburu, no estoy tan en desacuerdo con aquella idea que expuso cuando asaltó la diligencia en el lugar de Sumbilla, que estoy viendo ahora, como lo veré siempre, aquella comba del puente, el río peleándose con algunos matojos allá abajo, alguna trucha majestuosa en sus pozos que es imagen y visión que se me ha quedado incrustada en mis retinas de niño para los recovecos de mi alma de adulto.

El Paraíso Terrenal.

Empezó a decir el cura Gorriburu cuando asaltó la diligencia un cura apresurado, el sudor en el pestorejo, la sotana estremecida por vientos sureños que le penetraban ancas arriba que es placer como femenino de cuando las mujeres vestían haldas y participaban de la comunión natural con los humores del clima que aquel Paraíso Terrenal que nos hace invitaciones desde la Biblia, el lugar de la espada flamífera del arcángel, el de los cabizbajos de Adán y Eva camino del exilio, estaba

165

aquí, en los aledaños del rio Bidasoa, y fue aquel viajero de observaciones precisas y de carnet de notas insobornables, Justin Edouard Mathieu Cenac Moncaut el que viajo junto a aquel cura por los meándricos caminos del Bidasoa allá por los años de gracia o de desgracia de los 1860 aproximados. Asaltar una diligencia es posible a trasmano de las armadas maneras de los Siete Niños de Écija, toda la serrania en vilo y sus plantas y animales en estado de vigía y de curiosidad como en una pelicula de Walt Disney o por los bandidos de Lanz que más cerca andaban, aunque haya una violencia de otra índole pero manifiesta en traspasar la puerta de arrequives ebanistas y herreros como de soslayo o de escorzo, que si no, el orondo cuerpo no cabe; soltar un Egun on resonante o hasta mayestático que parezca un regüeldo; dejarse caer, inerte, en esa especie de asiento protegido por un techo como de baldaquino sobre el que las lluvias y los soles y los tiempos trazaron arrugas y constricciones de arte; soplar y resoplar con fuelles pulmonares oxidados pero no horadados por enfisemas; la voz un poco clueca entre los aspavientos, y un soltar a la concurrencia, es decir, al antedicho viajero internacional, un par de monjas y un capuchino que iban a los todavía inexistentes conventos de Ohárriz y Lecároz pero que es inevitable que hacia allí viajasen aun contra toda la lógica cronológica; el carabinero recién salido de la fábrica recientemente inaugurada a Errazu; a Zurrumurru, el pescador de salmones trapecistas y de truchas heliogábalas que alardeaba de trebejos y de esa cesta de mimbre siempre dispuesta a abrirse para exhibir su contenido; a Praxku, el redero de Echalar diestro en torcer el cuello y sacarle la lengua del ahogo, no al cisne de engañoso plumaje símbolo del modernismo como en el poema del mejicano Enrique González Martínez sino a la paloma mensajera de los cambios de estaciones, las bandadas de palomas migratorias en pasa y contrapasa que cierran con su ciclorama volante los espacios gloriosos de Jaungoikoa y a tres o cuatro moscas que no hay Dios que los despegue ventanas afuera ni con el por entonces inexistente pulverizador del flit.

El Paraiso perdido

Que asalta el cura Gorriburu la diligencia, decia y repito, y suelta aquello del Paraiso Terrenal en el Bidasoa, que es, sin duda, la más acabada versión de la felicidad a lo Elissamburu, el granadero napoleónico que transita por no se sabe qué te-

rritorios de los Balcanes y acaso de la puszta hún-
gara o de entre las piedras de la catedral de Sofia,
roba, a estilo de un Prometeo musical, la melodía
del Ikusten duzu goizean..., ave canora que esti-
liza en un alcor de las proximidades de Sara su
paraiso de ensueños aunque algo falaz, tan llena
de exquisitos dibujos de la fantasia rústica, una
casita que humea por su chimenea de juguete, el
perrito a la puerta con ese encanto impar de la
indolencia canina, el atareo cotidiano, los potto-
kas hacia la convexidad de los montículos, el txa-
radit que efluvia un aliento de bestia en
dormición, que uno piensa que sí, que pudo ser
un Paraiso pero que ya es imposible que algunos
lo veamos como tal, que hay regueros de sangre
en cualquier esquina o recodo que tiñe de rojo la
mayor parte de sus demoras, que por ahi también
pasaron, en vez de errantes gitanos, los importa-
dores del terror. Es el Paraiso Perdido, en definitiva. Dejémosle a Milton renquear y rumiar sus
desgracias...

El infierno

Leo que Rihab Rashida Taha, la llamada Doc-
tora Virus y Madame Germen (O por qué, no
La Nueva Mengele?, que ahi dicen que están sus

pruebas con prisioneros de guerra iraníes y en la población iraquí de origen kurdo), es la nueva Pandora en este despropósito tan inmenso que algunos se traen de llevarnos por las vías de las enfermedades a las nuevas estancias de la Edad Media, los horrores de enfermedades ya vencidas regresando de nuevo a sus rotundas amenazas que nos pueden hacer recordar la Orán de Albert Camus y la conducta del hombre ante este presupuesto calamitoso o quién sabe si a la Florencia de Boccaccio o a aquel año de la peste del que nos contó la pluma de Defoe sin olvidar, por supuesto, la retaguardia de tantas y tantas crónicas de espantosas enfermedades haciendo presa en carnes y almas humanas. Faltaba la mujer en esta tremenda agresión y provocación a una guerra, y ya está. La mujer en ese estadio tremendo, tremebundo y tremendista de ser como la banquera de las cepas de virus, los cultivos con tentáculos de muerte.

El odio

La blasfema burla que ha irrogado quien sea es imperdonable y de una desconsideración tremenda al arrojar ni siquiera una enfermedad de humanos sino de animales. De paso habría que decir que, en estas zonas o regiones de las inmoralidades como sélagos, todo se hace imperdonable. El perdón, llegado a estos extremos ofensivos, se hace intolerable de la misma manera que hay que abominar de la mujer que perdona a los asesinos de su esposo y viceversa; de la madre o del padre a los de su hijo; de hermanos y hermanas, etc, etc, que hasta el perdón puede llegar a ser nauseabundo y despedir una hedentina fangosa, de lirios putrefactos, de vómitos que exhalan vapores de bazofia y como de una halitosis insoportable; que en estas zonas de execración todo es imperdonable hasta hacer añicos la moral del perdón y reduplicar nuestro odio ya que nos enseñaron, y tan duramente, a odiar. Que odiar el odio no es ni ha de ser restrictivo sino reduplicativo. Odio al odio ramificado y reproducido en odio y más odio...

De desnudos

Recomendaba la logística espiritual de Loyola que, en tiempo de tribulaciones y de agobios no era conveniente meterse en mudanzas. Lo recordaba yo en una de mis mañanas de resurrección de las pesadillas nocturnas asomándome desde el claroscuro de una de mis las ventanas de mi casa y viendo, en la acera de enfrente, el carril inclinado de 31 metros por donde desfilaba (y supongo que también destilaba) el interior de un piso que resultaba ser un ejercicio (también espiritual) como recomendaba la ascesis ignaciana del memento humano, es decir, penetrar en los entresijos de la memoria y salvar algunos de sus flecos para que, al menos, no se volvieran a repetir o, en todo caso, al menos disminuyeran. Todo, claro está, con el auxilio de nuestra vergüenza pecadora que pudiera brotar, como regato al menos, en los trenos del mea culpa, mea culpa y la clemencia rogada del perdona a tu pueblo, Señor, un tiempo con la que estamos prontos a adentrarnos en las carnestolendas y allegándonos al via crucis de la cuaresma y, con ella, hacia la meta de los días 40 de la llamada Semana Santa (que será asi para algunos; que, para otros, será el churriguerismo de las procesiones y de las figuras de la pasión en las creaciones de los grandes imagineros, que si las contemplamos con bastante imaginación y riqueza de léxico, pudiera ser como ir leyendo a Gabriel Miró por calles y plazas).

Pero la ascesis ignaciana, como poco, pienso que podría servir al menos para desnudarnos. Aun el amor físico o carnal, para su gustosa trayectoria, percibe la necesidad intrínseca de desnudarse. En la historia de los grandes movimientos espirituales el desnudamiento es ley. Y todo, pienso, porque las almas quisieran despojarse de la rotosa clámide del cuerpo, esta adherencia natural que en contra de los pocos placeres que nos ofrece, nos llena de descalabros continuos, enfermedades, accidentes, trozos más o menos conformados o inevitablemente desgajados del ortopédico maniquí carnal que somos, etc, etc.. Quitarnos de encima cualquier servidumbre, no sólo del cuerpo, sino más aún del alma, de la conciencia, del concepto de la obligación o del deber, etc, lo considero un gran paso, y, consiguientemente la de ir (no diré cómo porque no es mi intención ofender a nadie) con el voto en la mano a depositarlo en la urna como si para algo valiera, aun a riesgo de que a muchos les parezca un acto antidemocrático esta negativa.

Escribo todo esto pensando, un poco al menos, en ese dia que avanza a paso célere y en su fecha señalada nos anegará con sus urnas. Y que a todos, pues hemos tenido suficiente tiempo para ello, nos coja confesados.

Las azucenas

Pero, en cuestión de desnudos, y al margen de todas estas prácticas casi eremíticas de una cuaresma ortodoxa que ya pocos siguen con sus saludables recomendaciones dietistas de abstinencias y ayunos y a las que, tras las báquicas jornadas (María Egipciaca desembarcando en la Tebaida), el calendario y las costumbres nos empujan, más que la praxis ignaciana me embelesa la teoría de la mística, que en uno de sus más insignes cultivadores, el nacido en Fontiveros, en diálogo de noche escura,/ con ansias en amores inflamada, encontró ese nirvana del abandono supremo en el seno del Amado, que dice que Quedéme y olvidéme,/ el rostro recliné sobre el Amado,/ cesó todo, y dejéme,/ dejando mi cuidado/ entre las azucenas olvidado. Suerte de la azucena, flor que simboliza la Inocencia y la Majestad (y la Delicadeza y la Simplicidad en su versión silvestre), según un precioso libro al que le

173

tengo cariño pese a no figurar su autor y si en cambio ilustradora, una tal Kate Greenaway. Dejar los cuidados en algún rincón (mejor entre las azucenas, por supuesto, como se nos recomienda desde el m s esclarecido y transcendental trozo de la lírica castellana) es práctica recomendable para todos pues que el peso del vivir es casi siempre fardo pesado que derrenga nuestros músculos, malea avinagrando nuestros humores y nos carraspea tanto el ánimo que hace que nos salgan hirientes venablos de la boca en vez de gargajos. Lástima que, pese a todo, no se hace posible descargar toda la putrescente mercancía que llevamos prendida a las meninges en un decir o hasta en el plomo de las piernas perdiéndose de esta manera la probabilidad de quedarnos flotando a la deriva sobre un mar de calma chicha, pureza y pereza de melifluas ondas y ni rastro de olas, la extensión oceánica al desnudo, ni asomo siquiera del síndrome de Crusoe.

Descargarse de cuidados es el desideratum más sublime del alma desencantada del que acaso creyó vivir entre fantasmas que ahogaban con su tacto de telarañas pringosas y, en un momento determinado, como liberado por el láser de un oftalmólogo, se baten las cataratas en retirada y la visión recobra su nitidez augusta. Asi, igualmente, ante esta coyuntura electoral a la que se nos ha emplazado para ese cercano y antedicho dia, en el que, si dubitativo anduviere el ánimo de no saber a qué, carta jugar su puesta, bien haria en borrar todo vestigio de movimiento, que mejor le seria quedarse donde está , libre el alma de tener que inclinarse a unas u otras derivas cuando se ha sentido m s que el pálpito de ver que todas le mienten, momento en el que infiero que viene a cuento aquella advertencia que un tal Ortega y Gasset, prócer filósofo metido a prologuista con el texto La caza como ejercicio y como ética de un también famoso libro del Conde de Yebes intitulado Veinte años de caza mayor" (otra vez y siempre la galana pluma ancilleando a las puertas del palacio de los poderosos), que traigo también a cuento aquí el tema de la caza porque sopla y resopla de actualidad viva, bien se le mire por el lado de la escopeta nacional estilo Berlanga, del humorístico de Vital Aza o de este transcendentalizante Ortega y Gasset, lo sabe todo cazador sea o no furtivo, y transcribo aquí el trozo orteguiano para quien leerlo quisiera: No es, pues, andar y andar, subir riscos, bajar cárcavas y barrancos, silenciar el paso, pacientar en esperas, tener punteria, lo que más esencialmente tiene que hacer el cazador, sino ¡quién lo diría! a la menos musculosa de las operaciones: mirar. Y pasa y repasa la pluma del prologuista insigne, del mirar, al atender y al alertar. El cazador es el hombre alerta, concluye, que, siguiendo su rectilíneo divagar valga el oxímoron a todos los que, queramos o no formamos parte de las huestes de San Huberto que vamos a la caza de la verdad entre trapisondistas, mejor iremos alertados y desnudos de ambiciones para librarnos de asechanzas varias.

De monstruos

Al igual que los sádicos le deben su nombre genérico a aquel singular personaje huésped del manicomio de Charenton hasta su muerte en 1814, y que fue Donatien Alphonse François, Marquis por antonomasia, y llamado divino por algunos a pesar de todo, –¡qué, cosas!–, así como los masoquistas endiosan al autor de La Venus de las pieles, y etcétera y etcétera con respecto a tantos abominables monstruos como la especie humana no ha cesado de producir, no tardará, supongo, en denominarse fritzlicos a los crueles incestuosos que secuestran a sus hijas y las retienen bajo tierra violándolas más de las setenta veces siete que es la cifra del infinito en la contabilidad bíblica, 8642 días según el cómputo de ese calendario que todo preso no deja de llevar marcado en sus mientes, una larga permanencia en ese subterráneo de 18 metros cuadrados al principio y ampliado luego hasta los 40, voces como de taladro de los niños y niñas que van naciendo que perforarán por siempre los tímpanos de Elisabeth, otro mundo más a añadir a los tremebundos que le rodean física y psíquicamente, no utópico como sería de desear sino apabullantemente real, mundo subterráneo más propio de lombrices y de ratas excepto en la mentalidad de ese fritzlico Fritzl, que asi debe pasar con los monstruos como soslayaban articulistas prominentes:

¿Qué, son los monstruos? Saben ellos siquiera que lo son? Probablemente no lo saben, no lo creen. Sin duda no son monstruos para ellos mismos, ante ellos mismos. Tal vez la monstruosidad es un juicio de los demás, y, para ellos, lo que nos parece a los otros monstruosidad es su normalidad misma, su naturalidad, la fidelidad de. comportamiento, la congruencia, el equilibrio con un sentimiento, con un pensamiento; incluso con una conciencia.

Mary Shelley

Para empezar, ya se le ha quitado todo protagonismo a Tod Browning, y su famosa parada de los monstruos, que para nada cuenta ya. Hasta que llegó, en realidad y no en fantasía ese tal Josef Fritzl al cotarro habla muchos monstruos en este bajo mundo (antesala del otro que algunos creen que existe más arriba y otro más abajo, astros luminosos y carbones encendidos, pirotecnia de cielos y de infiernos que para viajar a ellos y en ellos se hace preciso recurrir al Dante, pero desde que se descubrió como aurora boreal de la monstruosidad, ese luminoso meteoro llamado Fritzl -un corneta que despide chisporroteos de pecados capitalísimos surgido en el lugar de Amstetten, en el Land de Baja Austria-, nadie se habla apropiado tan nítidamente del sobrenombre, nadie habia troquelado el término monstruo corno nadie habia chamuscado su piel con la marca a fuego de las letras fatídicas la M, la O, la N, la S, la T, la R, la U y la O en esta lengua en la que estoy escribiendo, fábricas de monstruos hay en todas las partes del mundo y son factorías en las que nunca se está en paro, pero en ocasiones parece como si se concentrara en lugares más o menos precisos por supuesto, el made in del monstruo más tierno, el denominado de Frankenstein no cuenta, pues que se concibió en los telares imaginativos de Mary Wollstonecraft Shelley (1797-1851), pero también hay quien asegura que el anticristo llevaba bigotillo al estilo del que Chaplin lució en su El gran dictador. De todas formas, ya se sabe que, con el paso del tiempo, todas las listas, las antologías, los diccionarios y las enciclopedias quedan obsoletos, y, por un ejemplo esa galeria de monstruos asesinos que Colin Wilson con la ayuda de Patricia Pitman recogió en Enciclopedia del crimen (Luis de Caralt, 1965), o aquel otro Ren, Reouven en Diccionario de los asesinos (Dopesa, 1976), y tantos otros entomólogos del crimen dieron a luz, fueron coleccionando y fijándolos con la aguja aleve a las mariposas del crimen y del asesinato y de todo tipo de occisiones bárbaras y que nos barbarizan superlativamente el ámbito, hacen estremecer nuestras cuerdas sensibles o no tanto, que aun las más insensibles se nos quedan agarrotadas.

Mientras siga alentando la vida, nuestro Parque de Monstruos no cesa de crecer (no sé si poner o Jurásico o Cretáceo o de cualquier otra Era que, lamentablemente, no es lo suficiente de lo que debiera saber más de esas Eras del más allá del Paleolítico a las que los años me van arrastrando), pero tengo la convicción, la certeza, la melodía inequívoca, unos rezongos, bufidos, bramidos de que en lo oscuro de las edades pretéritas algo ominoso se mueve siempre, que desde ese oscuro nos acecha la Bestia, lo más macabro de nosotros mismos mal que nos pese.

Pavese, Feijoo

Lo dicho, los días, siempre, son una esponja mojada, y pueden borrarlo todo. El hoy borra al ayer y así ninguna carga se lleva a cuestas. Al día siguiente de su condena, la historia de Fritzl es historia pasada, ya que desapareció de todos los medios de comunicación que es donde está el archivo de la memoria colectiva.

Escribía Cesare Pavese (1908-1950) en su diario de El oficio de escribir, el 10 de octubre de 1938, que al más odioso de los hombres debes concederle el placer de sentirse infeliz de vez en cuando, sumamente infeliz, de sentirse noble por su sufrimiento, que ¿qué puedes negarle al m s odioso de los hombres? No puedes negarle nada, que en esas estamos con el llamado Fritzl, que ante los monstruos hay que concedérselo todo si no se quiere volverse también monstruo, que, a pesar de todo, hágase lo que se haga, es imposible no volverse. Y, acaso para que esa concesión del todo y sin reservas fuese aún más fluida, se le vió a este uno de los monstruos últimos eludiendo su rostro a los focos por medio de un archivador, recurriendo no diría yo que intencionadamente pero tampoco que inocentemente a la que es virtud femenina más que solamente humana según el opinar de aquel ilustre benedictino que fue Fr. Benito Jerónimo de Feijoo y Montenegro (1676-1764) que es la vergüenza gracia tan característica de aquel sexo, que aun en los cadáveres no le desampara, si es verdad lo que dice Plinio, que los de los hombres anegados fluctúan boca arriba, y los de las mujeres boca abajo: Veluti pudori defunctarum parcente natura, que ante la originalísima versión de la simplicidad exhibida por el tal benedictino en este trozo de su "Defensa de las mujeres", al lector de hoy le puede asomar a la memoria y a los labios, aquella otra expresión latina de "O tempora, o mores" tantas veces alambicada (Cat. 1,2; Verr. 4,25, 56) en el laboratorio ciceroniano, que, acaso, de haber nacido algo como tres siglos más tarde, y visto lo que se ve, quizás también el bueno de Fray Benito Jerónimo hubiese optado por no dar crédito tan a ciegas al texto de Plinio.

Recuerdo poético de Dámaso

Leíamos "Hijos de la ira", era en 1944, y quedábamos estremecidos.

Era Madrid –nos venía a decir Dámaso– "una ciudad de más de un millón de cadáveres (según las últimas estadísticas)", pero aquel otro cadáver que se incorporaba en su nicho, que llevaba cuarenta y cinco años pudriéndose, que pasaba largas horas oyendo gemir al huracán, o ladrar a los perros... nos estremecía porque era el vivo retrato de los cadáveres que deambulábamos, los cadáveres que merodeábamos por las siniestras plazas de la existencia, de todos aquellos estos cadáveres que sentíamos de la vida su congoja, su pesantez, su inercia dolorosa. Estábamos ante un hombre vestido de poeta, estallante de una sola pregunta a Dios, de esa pregunta terebrante que nos hiela los impulsos, la pregunta de por qué se pudre lentamente nuestra alma, de por qué "mil millones de cadáveres se pudren lentamente en el mundo"...

De aquella poesía de los místicos de la esperanza, de los diálogos del Esposo y su Amada, dél "Vivo sin vivir en mí" a esta Letanía Augusta de la conciencia sumergida en torbellinos de negras sombras, de mujeres con alcuzas por las aceras de la casi noche, de monstruos atormentadores, de últimos Caínes bajo la comba plomiza de los cielos e impotentes asesinos del recuerdo, nos llegaba la voz de ese "amarillo ciempiés" que era Dámaso, hombre al que le había llegado la Oscura Noticia de la Existencia y discurría por entre insectos de color de dátil, viajero de soledades hondas, de pesadillas pavorosas, de quimeras de horror...

Era Dámaso aquel corazón de dolores que nos llegaba desde la remota cercanía del dolor propio, unificado en nuestro sentir existencial igualmente cuando recordábamos aún al otro Dámaso, aquel que oró en salmos de maravilla por la belleza de una muchacha, que escribió el verso que se nos quedó como una lenta circunflexión de la memoria encantada, de las mujeres en claror de luces siderales, de las madres siempre jóvenes, germen del Dámaso que iba a enfrentar a Hombre con Dios ("Hombre es amor, y Dios habita dentro"), cifra de Dámaso que se nos ha ido a perderse en una pesadilla sin retorno, en un viaje a la desnuda eternidad, dentro ya de esa cósmica tristeza de hombre/río, de Carlos/Dámaso, hacia ese Dios al que sólo supo darle el nombre...

Doña Sinforosa

Tuve la suerte de que mi primera maestra de
párvulos se llamase doña Sinforosa. Un nombre
así, en la primera edad, no hay duda de que im-
prime carácter. Si a esto añado el que naciera,
como nací, un primero de agosto, es decir, en
plena diana de Leo, no es de extrañar que, ya
desde niño, me sintiera o tuviera conciencia de
los grandes destinos que el futuro me reservaba.
(¡Ja, ja!)

La memoria, que me sigue siendo dama fiel a
pesar de todo, me hace recordar, con absoluta nitidez y cierta alacridad en el corazón, con ribetes
de evocación un poco barrocos y sentimentaloi-
des como todo ha sido siempre en mi vida, aquella lejana edad de una pureza casi edénica. La
escuela de mi barrio, como seguramente lo son
todas en la memoria de todos los niños, era mo-
délica e ideal. Tres plátanos (que nosotros llamá-
bamos pámpanos, no sé por qué), le daban
sombra. Eran árboles sin pájaros, pues éstos, que
los había en abundancia, desdeñaban o recelaban
acogerse a sus ramas no fuera que algún certero
tirador, arrapiezo con tiragomas, que también los
había generosamente repartidos, les hiciera bajar

violentamente de sus trapecios arbóreos en donde siempre serían admirados, envidiados o emulados por los grandes divos de la acrobacia aérea circense, como, por ejemplo, los Codona que, por aquel mismo tiempo más o menos, triunfaban clamorosamente en el circo Medrano parisino. Los bancos, tratándose de una escuela pública de pueblo y de barrio, eran extraordinariamente atrayentes en su rusticidad. Las tablas, reciamente cosidas con clavos de París (como entonces se les llamaba), ofrecían un singular muestrario de muescas, mucho más abundantes que en el Colt de Jesse James o de Billy el Niño. En la pared frontera, presidiéndolo todo, estaba la imagen de un hombre feo, requetefeo, que, de la noche a la mañana, en una fecha que durante tantos años me fue incierta, sustituyó a otra fotografía de un hombre con bigotes que se llamaba Niceto, ni siquiera Aniceto como yo siempre había oido. En la cara de sapo de aquel hombre requetefeo florecía una verruga escandalosa y todo en él parecía que hacía esfuerzos por respirar, eso tan sencillo como era para nosotros, lo niños. Años después me sería dado apreciar mejor, sobre todo por su prosa perfeccionista, con cierto regodeo de lector, todo hay que decirlo, por alguna de sus producciones literarias, a aquel hombre tan monstruoso, cuando tuve entre mis manos libros tan significativos como "El jardín de los frailes". La escuela, en fin, era un lugar maravilloso, un manantial del que surgían lentamente, aquellas preclaras notas de diario saber que iban aposentándose en las baldas, todavía no bien asentadas, de nuestro cerebro. Pendían de las paredes unos mapas sencillos, geografía física y geografía política, es decir, montes, ríos, valles y provincias y ciudades y pueblos. Los mapas, desde su pendiente, pendida y pendoleante realidad, nos ofrecían el esplendente itinerario para una imaginación como la nuestra, bullente, virgen, ansiosa de horizontes desconocidos. La escuela, tal como siempre la ví, en aquel tiempo y aún ahora, era un auténtico lugar de delicias, una entrada natural para acceder a los jardines insuperables de nuestro Academo particular, lentas horas de salmodia de niños que se entretenían con la música de las multiplicaciones por siete, por ocho, por nueve, las más difíciles, el recitado memorístico de oraciones y dogmas de la "Dotriña Zarra" (que en esto sí que éramos euskaldunes, faltaba más), en un texto traducido, con más voluntad que acierto, del original del ínclito Gaspar de Astete por un cura párroco (de Hernialde, creo recordar, y con esto ya eran dos los

187

curas famosos de ese pequeño pueblo siendo el otro naturalmente, el terrible Manuel Santa Cruz).

De aquel tiempo de mi infancia paradisíaca recuerdo muchas cosas, casi todas gozosísimas. Creo que hasta llegué a ver aquel refrescante viento que solía descender de Goico Gaña y penetraba por las ventanas de nuestras casas con tacto femenino y olores de lavanda; recuerdo la exquisita existencia vegetativa del burro de José Luzia más afortunado aún que el Platero juanramoniano, las interminables charlas de Josepiñasi en la cantonada de su casa, el verdoso ungüento curalotodo de Benita, aunque en cuestión de curaciones prodigiosas nada comparable al dulcísimo soplido de mi mamá, un suave céfiro que hubiera merecido ser cantado por el mismísimo Garcilaso o por Villegas y que hacía desaparecer, al momento, rasguños, desgarraduras, esguinces, heridas... De aquel tiempo se me asoman memorias de prodigiosas expediciones a lo boscoso, a lo rural, a los ríos y arroyos, al monte, a los pájaros y a las brisas, a las lluvias y a las tormentas, a los frutos y a los productos, a la fauna y a la flora... Recuerdo unas castañas cocidas de sabor nunca igualado que en las mañanas heladas del invierno me procuraba en cucurucho mágico mi padre, castañas con un ligero sabor anisado, dehiscentes totalmente sus pellejas por la acertada dosificación de la sal y de la pimienta, pretil de ensoñaciones en donde el niño que yo era besaba complacencias oníricas hasta a veces con mezcla de pesadillas... Y recuerdo a los mendigos casi familiares que arrastraban su letanía de rezos casa por casa; los titiriteros errantes en las noches veraniegas en la plaza; el solitario músico del tamtam o el pandero con el plantígrado de lóbulo atravesado por el aro esclavizador a su espalda... Y ya que de aros estoy hablando,lo que no recuerdo haber llevado nunca, ni nadie de mis compañeros y compañeras que yo sepa, es aquel aro legendario que, es fama, pasaba de mano en mano, de dedo en dedo, por todos aquellos párvulos que se expresasen en los recreos en el euskera que era nuestra lengua común, cotidiana, natural. Es un conato de memoria que se me provoca desde el reciente sucedido en Zeánuri, de lo cual deduzco y celebro que la excelsa doña Sinforosa tenía un alma magnánima y liberal mucho más ejercitada en actitudes longánimas que determinados monitores que opinan que la mochila puede convertirse en elemento educacional insuperable...

De mis viejos recuerdos de aquel tiempo, evoco también, ¡cómo no!, la grácil y guapa figura de

Gloria, la sobrina de doña Sinforosa, una de mis primeras referencias, sin duda, de mi educación sentimental, de la que la mayor parte de los párvulos, al menos yo seguro, estábamos enamorados...

Sísifo

Pocos tan dotados como ese joven pedaleador para prender entre el paisanaje la llama viva de la tragedia. Ni Sófocles, ni Shakespeare. Edipo y Otelo son referencias remotas que se pierden en la niebla de la leyenda, pero la Tragedia se hace carne en este desesperado pedaleo, montaña arriba, montaña abajo, nuevo Sísifo irredento en pos de una quimera entrevista pero que se hace lejana, cada vez más lejana, más sin esperanza...

Escribía Camus que el espíritu puede abandonar la vida árida y seca del esfuerzo lúcido. Lo decía ante un momento preclaro, ante el vacío de una conciencia que no encuentra sentido al mundo. ¿Y tiene sentido, nos contestamos, pedalear montaña arriba, pedalear montaña abajo, en busca de unas miserables gotas de tiempo, rebañando en el fondo de todas las flaquezas orgánicas, arrancando los matojos del esfuerzo último? Quisiera creer que todo tiene un sentido último que no se nos alcanza, pero entonces, ¿por qué se me dio la razón y la cordura? ¿Qué aviesa entidad maneja los hilos de esta quimera absurda del vivir, mientras perenne, eterno, móvil en el viento de todos los impulsos —se diría que aun los cenestésicos–, flota el lábaro de la tentación extrasutil del suicidio?...

Magnífico juguete éste del deporte para sumirnos, aún mucho más, en la ardua incongruencia del sistema. Mientras un hombre pedalea la naturaleza se va mutando. La montaña ya no es tal, no es una referencia geográfica, ni una clave simbólica, ni es tampoco la obscena joroba defensora que le salió al tiempo. No logrará tu lanza herir al horizonte, advertía el poeta. Pero los pedales son émbolos que quieren destruir la obviedad de este consejo, son pistones que están empeñados en un imposible augusto como lo sería eliminar el paso del tiempo, borrarlo. Son éstas las razones que esgrime la sinrazón de los esfuerzos baldíos. Y la filosofía de la razón insensata se hace presente una vez más, más congrua a cada pedalada cansina, más embotado todo en el esfuerzo innúmero del músculo nefando que no puede seguir el vuelo feliz de las imaginaciones gratuitas.

Imagino que estoy en las estribaciones de la verdad última, ante esta montaña del vivir diario, el Mortirolo que exige siempre una pedalada más, una razón más no simplemente para seguir viviendo sino para conformar la conciencia propia a la conciencia de la naturaleza, si es que la tiene. Mira Edipo, con ojos ciegos, al fluir de sus humores y trata de encontrar sentido a su pequeña pestilencia. Cada pedalada de cansancio por la vértebra de la montaña nos hace mirar, con ojos ciegos siempre pues ésta fue nuestra condena, hacia esta gelatinosa sustancia de nuestro vivir, un pozal de absurdo desparramado, según parece verse a veces, mientras el ácido sarcoláctico inunda el tejido muscular y ataca las avenidas del cerebro... Nada como el deporte, opino, para tener conciencia directa de este juego de la vida que para algunos se convirtió en la Gran Broma. Desde las carreteras sin fin a los estadios rebosantes, pedalada va, pelota por los aires viene, el ser humano, remedo de ángel etéreo érgastulado al cuerpo (¡Angel con grandes alas de cadenas!, gracias, Blas), sueña con los infinitos irredentos, con los parques sublimes de las victorias gratificantes, y no quiere ver, nunca querrá ver y es posible que sea ésa su magnífica gloria aunque sísifa, las protervas tres palabras –polvo, ceniza, humo–, que, en el improperio estallante de la razón tantas veces pronunciamos como compendio del paso del hombre sobre la tierra.

La milla decembrina

A Mr. Scrooge nos lo presentó un tal Dickens como duro de corazón, pero es que también era duro de oido. Y, ¿qué mayor vilipendio para Mr. Scrooge que, alguien, una mano infantil, pulse el portero automático y pida permiso para cantar, aunque sea 24 de diciembre? ¡Cantar! De todos los insultos o desgaires que pudieran hacérsele a Mr. Scrooge o a-cualquiera en el papel de Mr. Scrooge, nada más acerado y sutil que esta petición de permiso. La canción, en la hora actual, ya se. sabe, se ha convertido en arma favorita del diablo y en inundación donde muchos tememos resultar ahogados. La canción, ya se sabe, en fechas navideñas sobre todo; hace tiempo que venía impostada de morbosas cargas que si no nos mataban dejaban errantes a las almas orejudas sí pero carentes de oido, almas que dificilmente son capaces de distinguir entre el ruido y el graznido, entre el retintín y la melopea, entre el pífano y el rebuzno, villancicos que eran acericos en el más sensible punto de los acúfenos. Decía aquel alígero autor, de cuyo nombre no me acuerdo (lo que me hace sospechar que ya anda el Sr. Alzheimer de por medio) que prefería un cuarto de hora de mala música a media hora de la buena, lo que me parece una acertada definición de lo que la música puede ser para un hombre honesto y cabal aficionado a los silencios mejor que a las alharacas, hombre entremetido en esa covachuela del buen sentido que cree que la boca humana no ha sido hecha para desgonzarse en muecas paritorias de lamentos, gemidos, voces horrísonas, melifluos pianísimos, estridencias sopránicas y, ¡cómo no!, canoras voces blancas que, a nuestra muy corta edad, nos arrancaron toda apetencia de paraíso al informarnos algún avieso representante de la divina potestad, que la usual música que sonaba incansable en los salones de la corte celestial era este tipo de música, interpretada mayormente por coros de ángeles, de los que visionarios como el San Ambrosio del siglo IV y un tal Emanuel Swedenborg (1688-1772), pudieran darnos noticia Ante lo oial, indefectiblemente, optamos por preferir el infierno, grata región del silencio, al menos.

Los Angeles

Desde Gaza, al menos, y ahora, cualquiera entenderá que es difícil hablar del espíritu de la navidad al estilo dickensiano, lo que no obsta para que, ahora y siempre, Mr. Scrooge sea un referente universal. Pero uno está poco facultado para hablar de Gaza y de los halcones de la guerra abatiéndola con su furia, mientras que Mr. Scrooge puede que lo llevemos nosotros mismos. Con dolor pues, por lo ocurrido en esa franja donde la guerra hizo acto de presencia tan cruelmente, reflejemos otros rostros de la navidad, algunos tan paradójicos como el de Los Angeles. Porque, qué pasa cuando a Papá Noel- Santa Claus le da por liarse a tiros, nada más abrirle la puerta una niña de ocho años? ¿Cuando finaliza la edad de la inocencia y cuándo comienza la de la razón? ¿Accederá alguna vez a ésta, después del varapalo sufrido, esa niña que quizás pudo ver quién era el que llamaba en caso de que, poniéndose sobre una silla y de puntillas pudiera otear por el periscopio de la mirilla, ver a Papá Noel y llevarse la gran alegría de su vida y ser mordida inmediatamente por la quemazón de una bala? En Los Angeles precisamente (¡qué gran profeta algún Junípero Serra si no es el genuino, que pudo ver a la ciudad futura en vestimenta angélica con todo lo que en ella ahora ocurre!), un tal Bruce Jeffrey Pardo, 45 años culminados en depresión de honduras abisales, preparó una ensalada de pólvora y plomo en la casa de sus suegros donde se celebraba la Nochebuena. A la salida de la fiesta que organizó, antes de que pensara que también él era una necesaria víctima para el cruel dios Moloch o Mólec que exige sacrificios humanos, dejó una estela de muerte y fuego, nueve víctimas en la pira familiar, tizne de incendio de queroseno en las paredes y en el empavorecido titilar de los ojos de la niña la visión imborrable de un mito caro (ídolo caído) que se derrumba en violencia increíble, trata de fijar la imagen en la realidad y sucede que los ángeles se le mutan en demonios, Los Angeles convertida en Pandemónium, capital del Infierno.

El nombre

Hay una leyenda, apócrifa como todas, que nos viene a decir que todo lo que tiene nombre, existe, y de ahí, sin duda, la prisa del Genesiaco en que Adam fuera vistiendo de nombre a toda criatura, que formó pues Jehová Dios de la tierra toda bestia del campo, y toda ave y de los cielos, y trájolas a Adam, a para que viese cómo les habia de llamar, y todo lo que Adam llamó a los animales vivientes, ése es su nombre (Gen, 2,19). Me imagino yo que puede ser esta cuestión del nombre como una apófisis del nominalismo, no sé si

hacia la parte superior del hombre como el cara-
coides que afianza al omoplato en la horizontal
del crucificado que todos somos, 0, por la infe-
rior, como el juanete, propio para dar nuestra pa-
tada al mundo. Acaso, por eso, para preservarse
en la sombra del sinnombre, los reparos de Yahvé
en borrar para el tetragrámaton toda vocal y la re-
ducción de Su Nombre a sólo dos consonantes,
que asimismo se explica la implicación de ese
Nombre en el Decálogo que manda no pronun-
ciarlo en vano, cuando nos vendrá el Predicador,
hijo de David, rey en Jerusalem, a decirnos que
vanidad de vanidades, todo vanidad (Eccl.1,2).
¿Vana, igualmente, la vanidad del nombre? Lo
pregunto, sobre todo, porque la algarabía nominal
en torno a Papá Noel, Santa Claus, Olentzero,
Reyes Magos, y su largo etcétera se nos prolonga
en estos lares de manera que asiste el alma un
tanto pavorida a este otro pandemónium (esta
vez en minúscula), si se quiere en ese carro de
huesos que es la huesa aunque carro paralizado,
que en definitiva, y en la vida, todo viene a parar
al carro, lleno en la revolución francesa, por un
ejemplo, de cuellos para ser segados por el método Guillotin de funcionamiento garantizado,
carro del cantante a quien se lo robaron y solamente se le quedó el quejio, suficiente sin em-

bargo para encandilar públicos, y no hace sino pocos días que el Carrero Mayor nos alentaba para que todos nos pusiéramos a tirar del carro para libramos de la crisis, la gran tarasca que ni siquiera sabemos de dónde nos vino y ha dejado en el horizonte unos cuantos nombres también, sean o no éstos exóticos y hasta ahora nunca oídos, leáse Lehman, Madoff, etc.

Los techos del placer

Estaba yo el otro dia frente al televisor viendo sin interés a unas gentes varias, cuando me dí cuenta de que, si algo había atrayente en ellas para ellas, no era otra cosa que ese pálpito de gloria que les nacía de sus mismos cuerpos, de sus esfuerzos que todo lo dieron en la última ansia, y creer en su triunfo les iluminó la cara.

Cada uno es libre de emocionarse como quiera o como sus flujos psicofísicos le marcan, pero lo cierto es que nunca ha dejado de sorprenderme esa ambición tan pequeña con que tanta gente se contenta. Me pregunto yo si un triunfo en un estadio, por repleto que esté y hasta se aplauda tanto, pueda marcar tan en gloria las facciones de los atletas que todos somos como que si la misma divinidad hubiera rozado con su dedo augusto nuestro cuerpo haciéndolo glorioso; asombra acaso que un homenaje cualquiera haga romper las esclusas de las lágrimas en rostros hasta ese momento tan serenos y es de observar cómo esas filigranas con que la vanidad se encarga de ornamentar los entornos de sus cuerpos que les parecen tan gloriosos y no se deja de pensar qué fácil se lo ponemos al Ser Supremo que todo nos re-

gula desde nuestra insignificancia a su magnificencia, o ¿no esta aquí, acaso, una de las biena-
venturanzas del sermón de la montaña,
precisamente la primera de la lista, aquella que
habla de "los pobres de espíritu porque de ellos
es el reino de los cielos", y ni siquiera es una promesa si no una realidad, porque ya están gustando
de sus delicias?...

A estas alturas del escrito creo yo que sería conveniente hablar sobre el placer que es, en verdad,
uno de los grandes astros de la cosmología humana y al que la misma filosofía, en su larga trayectoria, no se ha atrevido a definirlo y a
estudiarlo aun desde los textos hedonistas, prefi-
riéndose dejarlo en ese amplio espacio de las sen-
saciones inconcretas.

Entra dentro de lo posible que un placer proveniente de fastos de gloria pueda ser incomprensible para los que nunca gustamos de esas
ambrosías, y que estemos en el nivel del castrón
eunuco que, por su condición de emasculado es
incapaz de saborear los placeres derivados de la
actividad sexual, pero a pesar de ello se me antoja
a mí que no es ese condicionamiento el más importante a la hora de valorar placeres de todo
tipo.

Creo, más bien, que en ese tipo de placer emo-

cional obran otros factores más directamente re-
lacionados con la psique del sujeto de que se
trate, factores impulsivos y poco o nada reflexi-
vos, factores en los que entra una gran carga de
inmadurez psíquica, acicates que tienen su fun-
damento en un islote de fragancias infantiles,
sueltos de ilusión, quimeras que la falta de un sereno equilibrio mental va creando como fantasmas a conseguir, delirios que son como
cabalgatas de la fantasía, almenas que abatir, pa-
raísos que conquistar, toda una gama de sensa-
ciones imponderables que, sin embargo, van
adueñándose del ánima del sujeto ambicioso por
ser incapaz de adivinar de qué carencias íntimas
le nacen esos pujos de gloria... Y si tales cosas decimos de los héroes en cuestión, de los que, ad-
vertidamente o no, se hunden en los pozos de las
emociones pueriles, ¡qué no decir, con más razón,
de los que, siendo incapaces de gozarlo por sí, se
conforman con gozarlo en los demás, especie de
cyranos cuyo oficio parece ser el de simples mam-
porreros de los gloriosos, colonia parásita cuya
gloria nace de no se sabe qué relaciones espurias
con el héroe vencedor, acaso una simple razón
de simpatía; en ocasiones, una mera vecindad; frecuentemente, nada más que el de una bandera
que ondea sobre el mismo territorio en que
ambos conviven!...

Curiosamente, he aquí por donde se nos

asoma, una vez más, esa arborescente ramifica-
ción de las nacionalidades con todo lo que lleva
implícito de discriminación, de antimestizaje, de
aferramiento a viejos usos de clan, sentimientos
de tribu que florecen en terrenos de prácticas uni-
versales, celebrado todo con fanfarrias e himnos,
tremolar de banderas al viento, podios sobre los
que degustar el céfiro de los héroes que, como se
sabe, eran en la vieja mitologia clásica, engendros
de persona divina y humana con todos los atri-
butos y carencias de esta doble condición...

Acaso sea verdad, como el mismo evangelio lo
corrobora, que es preciso volverse niño para acceder a las delicias de la gloria celestial, que parece
que fuera eso mismo lo que tras una hazaña en
los estadios vemos en el rostro de esos héroes de
los que hablamos. Si no os hacéis como niños...
se advierte, mientras que, por la otra banda,
asoma la figura de Prometeo, cuya ambición no
cabe, sin duda, en los cauces de las glorias minús-
culas.

¿Ser todo, pues, un simple problema de máxi-
mos y mínimos?... Como ángel con grandes alas
de cadenas, vio el bilbaino Blas, gran poeta entre
los grandes, a ese hombre doliente y herido, ángel
fieramente humano que fue el sujeto perenne de
su poesía profunda; ese hombre que, sin duda

embargado por el tremendo peso de la existencia se situaba tan más allá que el desleído en las filosofías de los existencialismos de moda.

Pero cabe suponer, sobre todo, que esas grandes alas no son, en rigor, otra cosa que el pesado batir de las ambiciones, tan nítidamente presentes para tantos...

Ante el espejo

Tan vinculable a la psicología de su autor como a sus bromas "de "épateur", es célebre aquella frase atribuida entre otros a Baudelaire, que, a la pregunta de si era feliz, contestó que aún "no había caído tan bajo. Pese a ello, sorprende que, ahora, en tiempos en los que aún está vigente la palabra crisis, se abra el periódico un día de la semana pasada y se dé cuenta el lector de que viene goteando felicidad por todas sus letras, como si un chorro de serotonina, la hormona de la felicidad, lo hubiese empapado.

Es decir, Grecia parece haberse dado cuenta de que lo mínimamente normal o formal es pagar sus cuentas y no dejar exangües por falta de alimentación a los animales de sus zoos, y al menos, someterse a etapas dilatorias con letras a tres años vista, con lo que, algo de estabilidad emocional llega a las evanescentes bolsas que son como globos borrachos de aire dando tumbos, al mismo tiempo que, por ahí, por la Asia de ojos rasgados, ciudades prohibidas y murallas casi eternizadas aunque deterioradas, se había abierto, a su vez, parecida cueva del desplome (ya parece que de amortiguada caída), que el horror es un escuálido esqueleto que se nos asoma desde cualquier encrucijada que lleva el sello de la muerte en ésa su cruz de los caminos perdidos y rotos donde se produjo el asalto asesino y es el lugar idóneo para la memoria huérfana, tan asistida en nuestras viejas rutas rurales que invitan al rip de la oración bisbiseada por trémulos labios.

Otra manera de felicidad, esta vez con receta y todo, es la que se le pide a Francisco por parte de Celmo Lazzari, obispo de la provincia de Sucumbios, allá por la Amazonía de Ecuador, una petición con base en la envidia, se supone, que, pese a ser uno de los pecados capitales (la quinta según la lista del Papa San Gregorio Magno (540-604) entre otros áspides tan letales como la lujuria, la pereza, la gula, la ira, la avaricia y el orgullo), goza, sin embargo, de una salida más bien gozosa, una puerta dorada recamada por la sanidad de intención, sana envidia que se dice cuando no se puede esconder en los pliegues de una más seráfica caracterización como ocurriera con aquella santa y perfecta felicidad confundida con perfecta alegría del poverello que puede encontrarse en muchos lugares de sus florecillas, pero muy especialmente en aquel viaje durante el cual aquel Francisco mirífico explicó al detalle, y con frío de entretelas corporales, nunca de alma, cuando junto al Hno. León, iba de camino de Perusa a Santa María de los Ángeles, en tiempo de invierno, y el escenario se cuaja como en un filme de Franco Zefirelli pero arreciando las asperezas que siempre marginó el cineasta, con el Hno. Portero y su tranca a rebufo o "explosión de ira incontenible, la nieve amontonada, el viento que trae hambre de pieles amorcilladas de fríos y de dientes castañeantes, y una y otra vez la tranca sobre espaldas y piernas de los dos frailes, que ahí, entre las heladas guedejas de la ventisca está esa felicidad que brota del amor, y que de amor radiante aunque de apariencia quejumbrosa se sustenta. Mentar la idea o la palabra felicidad en estos astrosos tiempos en los que gran parte de la gente vive en la infeliz pobreza, podría ser ofensa y desacato a la mínima consideración de la convivencia pero es por contraste o contradicción de esa ley de cortesía y hasta de caridad de donde el salmo contrabalanceado del comentarista diario de prensa extrae, en ese periódico del que hablo, sus consecuencias y de su redoma de mago procede a mostrarnos la cifra resultante de la consulta sociológica y nos dice que, a sus resultas, uno de cada diez españoles se siente plenamente feliz, que acaso, como todo, sea éste un porcentaje más que satisfactorio para pesimistas irredentos mientras que del todo erróneo para optimistas, que bastante triunfo es para éste su optimismo hacer sobresalir ese único tallo de esbelta planta sobre la común desolación de lirios putrefactos que sobrenadan en lo que vida se acostumbra a llamar que, como se sabe o se sabrá que eso es también cuestión de años, no es otra cosa que la principal avenida que va a dar a la muerte. De todas formas, como a cualquier palabra de rotundas extensiones, tampoco le faltan a este término tan ambiguo, sus correspondientes trovadores y poetas que siempre hay una pléyade de gente rumorosa a quienes les brotan las notas del "cancionero bien sea a modo lírico o a son de rap. Nada sorprende por lo tanto y por ejemplo, que a un tan gran artífice de la pasión ironizada, siempre como con coda burlona rematando la faena de algún fabuloso poema, nos señale Borges, su lamento de haber cometido el peor de los pecados que un hombre puede cometer, es decir, no haber sido feliz, y, en contra de la intención generatriz de sus padres, no haber podido desembarazarse de la sombra de haber sido un desdichado, que, hágase lo que se haga, esa es la impresión más acorde que a algunos al menos nos embarga cuando nos miramos, siempre muy de perfil y de reojo por si acaso, en el espejo y nos quedamos con la triste impresión de nuestra contorsionada cara.

El "raro" Mourlane

Entre los "raros" a cuya evocación destina Pere Gimferrer su último libro, la presencia y la prestancia —una sin otra no podrían coexistir— de Pedro Mourlane Michelena, el irunés que escribía como los propios ángeles, en el supuesto de que haya habido algún ángel en el Empíreo practicante de este nefando, también vitando, oficio. La luz que sobre Mourlane arroja Gimferrer en Los raros (editorial Planeta), es cierta, es clara, es meridiana y emocionada en los barruntos, en las aproximaciones, en los tanteos, en todo aquello que tan esencial era a Mourlane, la vaguedad de un fondo presentido, la preeminencia de la forma sobre el fondo, el ejercicio de la pluma como arte, las fintas de la pluma como un estoque, una espada en damasquinos.

Habla Gimferrer de un Mourlane vivo en la memoria de sus "contemporáneos; menciona a Ridruejo y recordamos que es verdad "que le pintó con donaire en su libro "Sombras y bultos" (ediciones Destino), como un espectáculo fascinante. Gran cabeza de artista o de guerrero inerme. La melena, ya muy gris, tenía una tendencia desmayada a caer de la sien a la mejilla, ha contado de sus manos como las de un alfarero que toma el cuenco recién torneado y lo muestra dibujando un movimiento de columna salomónica, de un gesto suyo que era el de hacer pasar el pulgar por el comedio de los otros dedos, desplegados y recogidos como abanico, sugiriendo la calidad táctil de un paño o una seda. Ridruejo habla de la lujosa bondad de Mourlane por su horizon te; habla Gimferrer de la evocación de Mourlane hecha por Francisco Ayala, y en el diario íntimo de César González Rúano, le menciona también Xenius como un par de veces en su Nuevo Glosario, y parece que cuanto más nos acerquemos a él más se nos aleja, sombra fugitiva de Mourlane que, sin embargo, se vuelve toda plástica, todo centelleos, todo relumbres cuando es su pluma la que se nos presenta, y sobre todo cuando su pluma se moja en la tinta clara y nemorosa de un Bidasoa que sabe que ha encontrado en él al cantor sin fisuras, sin deslealtades, a un cantor que canta una canción más breve siempre que la que canta cualquier otro, porque el barroco resonante de Mourlane es imposible sostenerlo en su belleza diamantina por mucho tiempo, que eso sucede cuando las palabras elegidas son joyas, cuando la frase se cincela, la idea es un joyel o no es nada que lo mismo da, y sólo permanece tersa la gloria y la reverberación del estilo. Consigue Mourlane lo que tan fácil es a un artista y tan difícil, tan imposible, mejor, a cualquier otro. Consigue Mourlane que el hombre, siempre el hombre, sobrevuele sobre su obra. De Mourlane dice Gimferrer, algo que es afimación inexacta: Un único libro se avino Mourlane a editar en vida: El discurso de las armas y las letras, afirmación que es verdadera, pero cuya inexactitud trasciende no de lo manifestado sino de lo oculto, de lo que no se dice, porque aunque no en vida, otro libro se le publicó a Mourlane, libro publicado en aquella colección que vino a llamarse El Grifón, y que llevaba por título Arte de repensar los lugares comunes, libro preciosista y precioso, libro en donde las sabidurías placenteras de Mourlane saben dejarnos un regusto de miel fruida en la música de sus palabras, en el barroco frontispicio de sus frases.

Pero ninguno de estos dos libros vale, ni remotamente, ante algún artículo, un mínimo artículo suyo, modo y manera de cómo Mourlane nos elucida esa posible encuesta de si la obra larga o si la breve, más próximo Mourlane, paradójicamente, del lapidario Gracián, el maridaje entre culteranismo y conceptismo no en vano no dejan de ser igualmente barrocos, artículo alguno de Mourlane que es, seguramente, el más precioso canto que se le brindó al Bidasoa y que empieza a surgir cuando la Mayalen despierta en la chime-

nea al "suchori", que es el pájaro de fuego, y pa-
ladea Lecochandegui a sorbos ese momento de
ventura, y del corazón del novelista del Bidasoa,
del único qué puede llevar ese sobrenombre, un
cuento va a nacer en Zaldunen, borda de la es-
puma del vino. Sólo ese artículo de Mourlane en
donde nos habla de Lecochandegui, de Mayalen,
de Zalakain, de Zorrotz el de Fuenterrabía, de
Chepech el que anda al besugo, de Navascues el
de Roncal, y sobre todo dé aquel abad de Silos,
"aquel benedictino de gordura tan benigna" que
pregunta y se pregunta cómo llenar su hora del
Paraíso y se contesta que de objeciones dulces al
Ser Supremo, vale para dibujar un perfil de escritor inolvidable.

Treinta años hace este 25 de noviembre que
está a punto de caer en las blandas hojas del calendario que Pedro Mourlane moría en Madrid
con un solo libro a sus espaldas, pero con el pergenio inmortal de un escritor que, si pertenece al
gremio de "los raros" es así porque ahí, justamente, están los verdaderos, los exquisitos, los
fieles a un concepto literario invendible, los inco-
rruptibles, los tan dotados de capacidades como
ayunos de ambición.

Desperdigados aquí y alia, están otros escritos,
en donde el ingenio peregrino de este escritor irunés, su estampa de hidalgo incombustible de la

literatura, de la literatura auténtica que es gracia y adorno y no sudor y mugre, que es alado viento de generosidades y no peana de vanidades y ambiciones, resplandece en la dimensión en que se produce: unas notas de sinfonía inconclusa, cadencias de una sonata original y libérrima.

El aire

Leo –y no debiera asombrarme nada esta noticia– que ahí, por las tierras (y mares) del archipiélago tan inestable llamadas originariamente del Sol Naciente, la gente huye del aire que se respira, que esto sí que es un ser y estar no siendo ni estando que nos hace recordar al desconcertante (por admirable) vate de Fontiveros, algo como un místico éxtasis de los pulmones, que, al ir escribiendo esto (la escritura siempre es una carrera bien sea de velocidad, de medio o de gran fondo), siento venirme agresivo algo como un lanzazo de razón con plumas de vergüenza acaso, la desobediencia a Adorno, que no sólo después de Auschwitz viene Hiroshima y a cierta distancia esta tragedia de Fukushima y aunque no escriba poesía ni mucho menos, hasta las menciones en vano ofenden y, para mejor constancia, abramos por un momento la Biblia por el paisaje del Sinaí y la prohibición de Jehová de usar su nombre en vano, segunda en el decálogo.

Fugitivos del aire

En un ejercicio de sensibilidad poética extremada y de asombrosa habilidad de malabarista del verso tal como era, el poeta nos habló hasta del dolor del aliento (que es también aire), del alentar para seguir viviendo ante la pérdida del "compañero del alma, compañero", que aunque el compañerismo sirviera únicamente para eso, para decir que "a las desalentadas amapolas/ daré tu corazón por alimento", y para aquejarse de que "tanto dolor se agrupa en mi costado,/ que por doler me duele hasta el aliento", bastaría para justificarse en su noble ejercicio de trato humano y tan afectivo.

Huir del aire, en verdad, y por insólito que parezca, si bien se mira no es para tanto. Las huidas, en definitiva, pueden tener muy distintas causas. Los más proclives a ellas, según se deduce de las elementalidades zoológicas consultadas, son los lemmings, es decir, los mejor colocados en el ranking del mito de la huida en esa su especie de marcha pavorosa por llanos y montes a los acantilados y a la mar señera que es el morir, como dijo el clásico. Y, por la otra banda, por la de los naufragios que se ven venir y nos hacen acordarnos de Robinson Crusoe casi de inmediato, los

215

que ostentan la palma de animales provistos de sentido especial detector, son las ratas del barco, las que se llevan la palma. Pero ¿y entre los humanos?

El buen y el mal aire

De buenos y malos aires resplandece la literatura, ésa escaneadora de cuerpos y almas. De buen aire, por supuesto, escanció su botella nominalista aquel un tal Pedro de Mendoza a la hora de llamar Real de Nuestra Señora Santa María del Buen Ayre a la hora de poner nombre, en su primera fundación, a la gran capital argentina. De buen aire supongo que se trata, igualmente, cuando el gran Fray Luis, habla de cuando "el aire se serena/ y viste de hermosura y luz no usada" y cuando, tratando de la música de su amigo Salinas, señala que "traspasa el aire todo/ hasta llegar a la más alta esfera/ y oye allí otro modo/ de no perecedera/ música que es de todas la primera", misterios celestes sin duda como lo es cuando requiere al Pastor santo, cuando "rompiendo el puro aire" se va "al inmortal seguro", ¡qué despedida! Que dicho lo que en un impromptu se nos ocurre, ¿cómo escaquearnos y guiyar (valga el calocismo) de los malos? Huyendo de los malos aires, en verdad, nos hemos pasado la mitad de la vida y aún más otro cuarto, y mejor si más hubieran podido huir los que no pudieron por impotencias varias, apriétense en cordel aquí tantas y tan variadas especies profesionales, que hablan unos del amianto y otros de la silicosis, etc., etc., resmas de papel estraza en los pulmones o cuchillos que los penetran, y de las pestes varias y no sólo de Orán que hacen llevar máscaras varias como en el fiasco de la última gripe hasta llegar a este momentum catastrophicum muchísimo más temible que el barojiano, en donde navegan por el aire átomos tan agresivos y abrasivos que se nos van adentrándose por nuestras entretelas, nos van haciendo nudos en los tejidos y revirándolos hasta convertirlos en tumores, bultos de perversa condición que el inmenso poder de las potencias nucleares de no poder domarlas pueden dejar en esquelética desnudez nuestras carnes y, con ellas, perforar igualmente la solidez de nuestros espíritus. Una posibilidad tan terrible o terrorífica en definitiva que hará bien quien huir pueda, aunque sea con el rabo entre las piernas.

Dos visitas

En vez de las oscuras golondrinas de Bécquer (que está claro que nunca más con sus alas en mis cristales jugando volverán), quienes me visitaron un día de esta semana pasada (el viernes, día 5/11, por más señas) son una paloma que se posa en el alféizar y el mensajero que llama a la puerta con unas cartas que, allá por los años 1920-1922, escribió Franz Kafka a Milena Jesenska y que acaba de reeditar Alianza Literaria. Cartas éstas que me eran conocidas desde hace mucho tiempo (ay, ¿por quién no?), pero que, en cierto modo, me sirvieron como especie de revulsivo para dirigir una mirada especial al rincón de los libros epistolares, una gozosa nidada que, a veces, conviene volver a su relectura, encontrar en esos carteos, íntimos o profesionales, sinceros o falsos (que de todo hay) el sello de la personalidad de sus autores, saber de sus cuitas amorosas (ya que, muchas veces, son grandes historias de amor en sus distintas fases las que ahí se desarrollan a manera de novela epistolar), de sus problemas económicos, adentrarse en sus psiquis, ir en busca del conocimiento de sus sentires, lavarnos las manos o la conciencia en su lectura que nos hace ver hasta qué punto coincidimos o discrepamos en nuestro sentir y vivir la vida, lo que nos puede dar o vetar nuestra pertenencia al mundo: el de los otros y el nuestro. Una manera más, acaso, para darnos cuenta de si pertenecemos a la vida y en qué manera congeniamos o no con sus agonistas, que, en este punto, es muy posible que nos llevemos muchas sorpresas. En cierto modo, el admirable ejemplo de un tan gran epistófilo como Kafka (recuérdense las cartas escritas a su padre, a Max Brod, etc,) me hacen pasar un buen día, repasando el amplio bagaje de libros de este género a los que tengo acceso, aun sabiendo de la tristeza ínsita a la que nos lleva el estar convencidos de que, con tantos libros y tantas cartas a nuestro alcance, lo que en definitiva siempre nos faltará será el tiempo, ese producto de la alquimia más siniestra que pueda darse y teniendo conocimiento preciso de que los días tan oxidantes siempre son cauterios que en vez de cerrar las heridas del vivir nos van abriendo las esclusas de la muerte.

La paloma

Otro caso muy distinto es el del segundo visitante de ese día, de la paloma que no sé yo bien si se equivocó o no como rumió el poeta o hasta de si fue paloma o palomo (que en este punto parece que es el feminismo el que se impone rotundamente pese al colorido pescuezo y el borbollar de incontinente sexualidad desbordándose en arrullo del palomo). Deduzco que ya debe de haber pocas palomas puesto que no me despiertan con su zureo cuando en épocas pasadas eran muchas y dejaban pringue allá donde a dormitar paraban, pero, de su holgorio, jolgorio o abalorio (es decir algo oropel en todo caso), guarda mi memoria imagen no tan divagada acaso de varias páginas de la novela "La esfinge maragata" de Concha Espina (1869-1955), cuya lectura me sumergió, allá por el 47, en el largo tiempo de trayecto del tren correo a Madrid, un como viaje en diligencia del XVIII, con parada en todas las estaciones del recorrido, esperas de bolsas de carteros en cada una de ellas, el larguísimo cautiverio en la de Miranda del Ebro tan satisfactorio para los restaurantes de ese lugar a los que bajaban en oleadas los viajeros sabedores del buen yantar y del dilatado tiempo del que disponían.

Pero de algo más que de esa referencia de vieja lectura merece y cabría esperar de la sustancia, el símbolo y su emblemática proyección de un tema relacionado con el palomero, más allá por supuesto de Echalar y hasta posándose en el mismo balcón del Vaticano, desde donde, según algunos, y se supone que bajo la sombra de las alas del Paráclito, Francisco, sin pretenderlo acaso, está oxigenando a creyentes, lo que lleva a deducir que sus antecesores, los estuvieron asfixiando, tema interesante que de momento lo margino por falta de espacio y para tratarlo en otra, no sé si mejor o peor, ocasión.

De momento, valer pudiera esa tan expresiva escena novelesca de Florinda y Marinela teniendo como fondo narrativo el palomar, que todo parte de aquella frase de la primera: ¿quién fuese paloma?, dicho lo cual, fascinada y con gesto iluminado añade la feliz autora, se allega a la cumbre alegre del palomar, y entre el rebullir de los pichones y el plumaje esponjoso de los nidos, halló a la pobre Marinela, tiritando y encogida, de hinojos en el suelo, y habla ella, Marianela, de muchas alas que baten, de un bando que llega de la llanura, del camino, y un alado azoramiento de temblores y arrullos invadió el palomar. Y se sigue hablando, en lírica del espacio y de la tragedia, de un leve espanto en las alas cuando el viento revolcó los húmedos sollozos en la estepa, aquella tarde triste; que quizá en los picos y en las plumas traían las palomas un mensaje embustero y perjuro y de si el tempestuoso retornar de las mensajeras encerraba un fatal designio.

Una exquisita imagen alegórica de una tragedia amorosa tan bien descrita por tan señera pluma.

Una tarde a gramáticas

Aparte de para pasar el rato agradablemente, ¿sirve para algo la Gramática?. Empiezo a escribir este artículo después de haberme deleitado durante una tarde entera leyendo, hojeando y compulsando libros y obras que tratan de esta disciplina singular (y aplicándosele a lo de disciplina, la acepción segunda de la RAE de "arte, facultad o ciencia", aunque, por lo leído y lo visto, bien se puede pensar que le conviniera también la cuarta, de "instrumento con varios ramales de cáñamo, correa, etc, que sirve para azotar", pues azote para nuestros sentimientos y conocimientos ortográficos y ortólogicos puede ser el introducirnos en ese terreno). He manejado libros como "Lima del lenguaje", publicado por Lorenzo Salcedo, S.J., en 1919; ¡Pobre lengua!. Catálogo en que se apuntan y corrigen cerca de seiscientas voces y locuciones incorrectas hoy comunes en España, publicado por Eduardo de Huidobro, en 1915; "Buenas y malas palabras", de Angel Rosenblat (1969); "Tesoro del idioma castellano", de Benito Fentanes (1927); "Palabras enfermas y bárbaras", de Rodolfo Ragucci (1941); "Prontuario de hispanismo y barbarismo" (1908), de Juan

Mir, "Fe de erratas del Diccionario de la Academia" (1891), de Antonio de Valbuena; "Novedades en el Diccionario Académico" (1963), de Julio Casares, y una serie de Gramáticas, desde !a de Andrés Bello hasta el Esbozo de la Academia. Y la consecuencia de estas lecturas de una tarde, como de otras tardes en que me solacé con el mismo entretenimiento, se puede expresar con dos palabras: divertido y deprimente.

Es sumamente divertido ver cómo el tiempo pasa a través de la Gramática, y contemplar cómo el ser vivo que es siempre una lengua, adopta el papel de una metamorfosis continua y constante y cómo los grandes gramáticos que tanto velaron por el idioma y de tal manera defendieron sus conocimientos y convicciones en este terreno, se nos alejan cada vez más en sus advertencias, denuncias, enfados, burlas e ironías, siendo ellos, justamente, los que más vapuleados resultan por las tarascadas del tiempo. Las perlas halladas y que testimonian este paso del tiempo, son muchas, pero sirvan, a vía de ejemplo, algunas como ésta que señala uno de los autores consultados y que nos ilustra sobre lo defectuoso que resulta ser y no tan culpable acaso, de decir o escribir, ese muchacho es un imbécil, y dándole a la palabra Imbécil, el significado; de alelado, idiota, estulto, pelele o bobo, cuando la palabra imbécil significa flaco, débil, lánguido (significaciones que, evidentemente, nadie las aplica hoy, como anteriormente, tampoco aplicaban a idiota y a pelele, por ejemplo, las que ahora se les aplican); otro de los autores nos señala que es una forma incorrecta el decir que "Luis y Manuel se odian a muerte", ya que lo correcto sería decir de muerte; nos avisa aquel de más allá que, en buen castellano, más correcto sería llamarle al pelotari* con la palabra pelotario (póngase como aplicación de una palabra euskérica transpiantada al castellano); y, ante la ristra de palabras y frases que, descomedidamente, sin autorización y en total anarquía e ilegitimidad pasaron al orden y a la ley, se nos antoja que no es cuestión de rasgarnos las vestiduras si hoy, a troche y moche, observamos que, en una primera página de un periódico nos vienen diciendo algo sobre aquellos que detentan el poder y referido no a una retención o posesión sin derecho de lo que no le pertenece (que eso quiere decir esa palabra), sino muy al contrario; o cuando estamos hartos de que se nos diga v se nos escriba de algo o alguien que pasó desapercibido del que, obviamente, pasó inadvertido y no despistado, como en buena ley significa el vocablo; o damos cuenta de que para poco más que

225

para alguna chirigota sirve lo de la equivocación de tomar por numerales a los partitivos, como en el caso de los "onceavos, doceavos, treceavos, etc, empleados hasta por algún alto personaje de la Administración, ya que nos enseña que no es cosa de ir enmendando lo que, por desgracia, parece que no tiene mucha enmienda..

Se advierte, asimismo, de qué manera, el papel que asume la Academia en este asunto, no es, ni remotamente, el que su mote reza con blasón y orgullo de "*limpia, fija y da esplendor*", ya que ninguna de esas tres magníficas labores realiza, y sí, en cambio, la de testigo y notario de cómo el pueblo va destrozando significados y leyes a su libérrimo albedrío, ya que la ignorancia y la practicidad, de consuno, parecen ser las únicas leyes vivas del mundo que habitamos y son ellas las que fijan sus dictados a fuerza de una imposición real y consuetudinaria, que es. a fin de cuentas, la que prevalece.

El secreter

Ante esta Semana, llamada Santa, a cualquier caviloso le asalta la duda: semana de muerte o semana de resurrección (y, con esto último ya estamos tocando las entretelas de la esencia, que, sin resurrección, ya lo han dejado escrito los Grandes, todo cruje, vacila y se desploma en el cielo, en la tierra, en el abismo para decirlo al modo y manera de Núñez de Arce, don Gaspar (1834-1903) en sus Estrofas, la XIII. Sea como sea, y contemplado desde las planicies de la cuarta edad, una de las pocas satisfacciones de victoria que le puedan quedar al anciano que superó límites y va adoptando en sí figuras de matusalén (renqueo y rengueo de piernas, ahogos de asma, combas de espinazo subyugado) es la de aquel árabe de las consejas que se sentó a la puerta de su casa para ver pasar el entierro de su enemigo. Con todo, victoria amarga. Porque, ¿vale la pena penar tanto tiempo en la espera si, a la postre, en ese mismo funeral de su odiado han de sonarle esquilas de apercibo desde la sabiduría popular que le susurren que cuando las barbas del vecino se vean pelar hay que poner las propias a remojar, etc, etc,? Y, se sabe, igualmente, que todo dolor si breve es mejor que la molestia prolongada, realidad de la que se hace eco en uno de los primeros vagidos de la literatura hispana uno de sus más antiguos heresiarcas apóstatas, el llamado Calixto, cuando en texto de primer acto de La Celestina explica a Sempronio, en referencia al incendio de Roma y a Nerón de rapsoda en Tarpeya, cómo puede ser mayor el fuego que atormenta un vivo que el que quemó tal ciudad y tanta multitud de gente, y exclama desde la misma pascaliana sinrazón razonada de un corazón enamorado que mayor es la llama que dura ochenta años que la que en un día pasa, y mayor la que mata un ánima que la que quema cien mil cuerpos, es decir, y cambiando de sujeto a condenado, que todo conduce, en definitiva, amor u odio, lamento o exultación, a la totalitaria declaración del enamorado modelo que margina al Creador inclinándose por la criatura, ésa, la llamada Melibea, que, desaparezcan beatrices y lauras de las páginas sutilísimas de dantes y petrarcas y sustitúyase todo por el Melibeo soy y a Melibea adoro, y en Melibea creo y a Melibea amo, que ya se siente cómo cabalgan, desde la lejanía por tierras de leyenda negra, los alazanes de la inquisición tan crueles...

Vacunas

De amenazas que penden sobre nuestros cuerpos y almas de exhaustos ancianos estamos acostumbrados y de algo de eso nos prevenía la prensa, una vez más, esta pasada semana cuando nos decía que, de esa caja de pandora que todos los amaneceres se abre y suelta sus lúbricos (o no sé si decir lubricantes) ceodoses, esta vez nos tocaba la entrada de los neumococos, que hay que decirlo, a lo ficha de laboratorio, que se trata del streptococcus pneumoniae, que en una especie de aliteración o paronomasia sintáctica nos lleva al recuerdo de una de las cepas de virus que dio su qué hablar literariamente, la cancerosa comprada con divisas otorgadas por el instituto de la moneda, traída desde el Illinois nativo que nos ensartó, con la admiración de todos los críticos habidos y por haber aquel estudiante de medicina, visitador de tantos basureros extrarradio madrileños, las carretas de pegajosos regueros en los amaneceres de la ciudad, de los que se nos contó como adobo de ese su (y nuestro y vuestro y de todos) tiempo de silencio, que es que, en determinado momento de descanso puede haber soñado cualquier lector que, de lo que en verdad se trataba, era de hacerle apear de su cátedra a aquel que nos había hecho leer de la mala vida madrileña, y, con todo, resulta que ya nos acercamos a la prensa con gran prevención, la miramos como a fiera corrupia que danza y danza en la mascarada más que suletina cada vez más cerca, que eso es lo que tiene la senilidad querido italo que es que svevomos la presencia tangible de la dama de nieve y hay que pincharnos el tuétano a ver si respingamos lo suficiente para inspirar y evitar aunque de momento sea el expirar, nanas de vacunas en vez de cunas, foso en tomo al castillo que ni kaika,..

Cabanis

Hay una teoría del hombre que dice que, con el tiempo, va tomándose en mueble, y nada mejor, en ese caso, que en secreter. Y hay por ahí, ahora, una campaña televisiva que asegura que leer nos hace felices, y recuerdo que algo parecido venia a decir, comienzo de libro, aquel escritor de nombre supongo que ya casi absolutamente olvidado, José Cabanis, de Toulouse (1922) en la Francia, autor, entre otras, de una novela Le bonheur du jour, que Manuel Bosch Barrett dio en traducirlo por El secreter (Seix Barral, 1960) que hay razones de léxico de gavetas galas para ello, años de grandísima victoria por supuesto por lo ingente de multitudes que leían (que yo leía al menos que no sé si se leía), que abría uno el libro del tal Cabanis y en la segunda linea se encontraba con el tatuaje del lector modelo y que la ilusión del momento hace que se crea, cuando se ha descubierto muy temprano la felicidad de leer se tiene la seguridad de no ser nunca completamente desgraciado. Es para toda la vida que ya no se sabe, en verdad, que es lo que se ha dicho o se ha entendido, que si m es feliz para toda la vida o desgraciado para toda la vida que eso es lo que irá viendo, irá sintiendo, irá dudando, irá mascando el lector ante el nuevo y el nuevo y el nuevo libro así hasta los dieces y los cientos y los miles de libros destripados que al final serán las víctimas de nuestra guerra interna, personajes que aparecen y desaparecen, que han ido viniendo y marchándose, la memoria, esa abeja de la amargura en JRJ arrojándonos paladas de mugres ácidas sobre la débil planta de una euforia enclenque que se nos va muriendo, hombres y mujeres y humanos todos y atúntabas y cosas todas hechas a letras, a puro huevo de letras, que naturalmente, todas las urdimbres que nos salen del bofe y se nos asoman al pico son de letras, sopa o baba de letras, que contado que he de los comienzos de ése, léase que haya conseguido el sueño de todo libro que es toda vida o al revés, ignorar el centro y quedarse en los dos cabos, alfa y omega, que eso es la desembocadura, que así es la última imagen del tio Octavio tras el regalo de su secreter, su bonheur du jour, su discreta felicidad no sé si tan virgiliana, en la imagen última difícilmente rescatada del fantasma que transpira entre papeles varios, versos, carnets, cartas, que dice su sobrino, el Cabanis de Toulouse Francia, lo que todos vamos llegando a averiguar al final de los días, es decir, que le embarga a uno la sensación de que la clave del enigma está, como decía él, en otra parte..

Panteones

De varias moradas usa el forastero en la tierra...
Siempre le quedará algo como una reminiscencia
de la primera, una leve empañadura del recuerdo,
una sutil intuición de eco augusto al evocar la Venecia maternal, un lugar como lacustre de aguas
templadas, con especie de como extrañas algas
rodeándole, música de borborigmos ventrales de
mamá, rebeldías fetales que se definen como en
un pataleo, la mano de mamá acariciándole desde
el otro lado de la pared junto con la otra mano
de papá que curiosea sobre ese tegumento bajo
el que se opera el milagro... Si en amor fue con-
cebido, en amor fue mantenido en su primera
morada el forastero generalmente y bálsamos de
cariño le rodearon, bálsamos y balsas de esta primera laguna antes de la zozobra viajera que terminará en aguas estigias... Dijo el poeta, que
comprendió bien por qué al nacer los niños llo-
ran/, y es que la pérdida de un bien ellos deplo-
ran...

De otras moradas terrenales o terráqueas la justicia de la Naturaleza no quiere saber nada, o lo
que es lo mismo, que los dioses naturales son
malos jueces y tienen de lo justo y de lo equitativo

una muy particular opinión nada aprobatoria para sus víctimas... Del útero a la cuna el viaje puede ser determinante. Hay chozas y palacios, casas rurales o urbanas, salones con ecos mullidos de bailes sociales y recoletas y pobres habitaciones donde penosamente algún rayo de sol irrumpe, zaquizamís proyectos cuyos únicos ornatos son las desconchaduras y los churretes de aguas sucias y mansiones de esplendor por los que se pasean las sombras augustas de orondos y ventrudos y barbudos y patriarcales señores, retratos de excelencias ilustrísimas que nos miran desde las paredes, allá al fondo, quizá, con una nota de resonancia íntima guardada en su seno, el clavecín de la abuela, viejos residuos de residencias románticas, ventanales a jardines floridos y a frutales árboles hacia las que se alarga la mano de Paris en busca de la poma, de la Discordia inevitablemente tratándose de tres bellas a agradar... Pocos jardines y muchos sotos sombríos, muchos puentes y pasadizos sobre aguas infectas le esperan al forastero que ya va intuyendo un mundo de crueldades desde antes de que alguien le corte la ligadura umbilical, antes de que alguien le limpie los ojos de las telarañas placentarias, antes de que su cráneo emerja del cañón angosto, primera vez en que scila y caribdis, viejos promontorios ubicuos, le hayan sometido a apreturas...

Pero puede ser que lejos de este momento del

orto del forastero a tierras de exilio, trance más o menos doloroso, se encuentre esa otra mansión de cuya presencia grata u ominosa, por mí nunca olvidada, me enteraba esta semana pasada por la prensa. Allá por los altos de Polloe, cuya sola mención hace tiritar en sus harapos mentales a más de tino, se han puesto a la venta una serie de panteones, que no sé por qué me da a mí por pensar, seguramente por el precio que lucen, que pueden ser de la especie y galanura de aquella Maravilla, la quinta entre las clásicas, que Artemisa mandó construir en honor y recuerdo de su hermano y esposo Mausolo...

Los edificios de la muerte son, generalmente, de una preclara sobriedad. A la tibieza de la evocación me bailan todavía en las astrosas tablas de de mi memoria las imágenes de aquellas casas de la muerte que se nos proyectaban desde la audacia transgresora de la intimidad de aquel filme titulado "Mondo Cane" con sus aterradores escenarios; y el morir tuvo hasta una proyección ornamental desde aquellas viejas pompas fúnebres de un tiempo pasado y tan barrocamente denominadas o desde la simpleza extraordinaria de unas maderas de pino someramente trabajadas para ser depositadas bajo la tierra de la colina de Boot Hill, allá donde los hombres que murieron con las botas puestas yacen soñando con el Colt 45 lleno de muescas saltando de sus pistoleras. Morir es un ejercicio natural excesivamente temido cuando del ser al no ser el fiel es tan delgado que su navaja puede cortarnos el aliento sin ni siquiera darnos tiempo a la reflexión, en un espasmo que supondría el abandono de unas moradas terráqueas por otras que, en mi fuero particular, al menos, nunca las sueño celestiales como la santa de Avila. Noventa y nueve años de carísimo R.I.P. se ofrecen en esa colina de los sueños ultraterrenos, supongo que con música de empíreos a lo Bach como corresponde...

Del morir y de sus formas, esa temática tan atrayente, la imaginación humana ha realizado auténticos prodigios. Del placer de morir y de la luminosidad de este acto se ha tratado posiblemente tanto o más que de su tenebrosidad y de sus truculencias tan lamentables. Al pensamiento de la muerte dedica su capítulo XXIII el Kempis y ya nos habla de algunas vulgares formas de morir, a espada, ahogo, caída de lo alto, comiendo o jugando, pero aun el ascético canónigo augustiniano no se recata en decir que bienaventurado el que tiene siempre la hora de la muerte ante sus ojos y se apareja cada día a morir, que es trance común ante el que no cabe hacer el avestruz. Más práctico y aun acerbo que el mismo Kempis, Ivan Bunin nos hablaba de aquel personaje de uno de sus relatos que había comprado un ataúd y lo guardaba, preventivamente, en su casa. A preparar la muerte, dedica una oración transida de todas las posibles truculencias del momento, Alfonso de Ligorio. Es la muerte como tránsito, o, por decirlo de otra manera, muerte dinámica. En el descanso de los cementerios cree el romántico Espronceda (¡Sólo en la paz de los sepulcros creo!), aun cuando unos cuantos años antes, su colega Cadalso le había demostrado que el amor romántico ni este descanso respetaba en su intento de desenterrar a su amada, la actriz María Ignacia Ibáñez, y su coetáneo Zorri Ha no dejaba ni un momento tranquilo en su tumba al Comendador. Aspectos todos de una atracción indomeñable, polos imantados de una obsesiva tendencia a los cipreses y a las cruces y a las lápidas y a los epitafios y a las farolas ciegas que ya no iluminan, por apagadas, con sus macilentas tonalidades, las dimensiones extrasutiles de los camposantos que, sin embargo, aparecen bañados por la espectral luz de la luna en los postales tópicos.

Ahí en Polloe, tan cercano ya que se nota al tacto, han empezado a venderse panteones. Y pienso que, de las vanidades transmortuorias, puede quedarme aleteando, tan sólo, aquel viejo epitafio que tantas veces he mencionado del cardenal Lorenzana en su tumba romana, ¡*Pulvis, cinis, nihil* !, y la limpieza de un aire de purezas aventando cenizas...

La venta del alma

La venta del alma ha tenido desde siempre una literatura desbordante y fantástica. Y no es preciso retrotraernos en el tiempo para descubrir su influjo. Hasta no hace mucho, con la novela de Ira Lewin "La semilla del diablo", y que fue llevada al cine por Román Polanski, el tema de la venta del alma al diablo se puso de moda, aunque esta proyección se hiciera más bien desde el ángulo del arte que de la realidad.

Un intrigante recuerdo de niño que bien puede considerarse como el primer rastro de la literatura fantástica en mi alma, se refiere, acaso, a la construcción de un puente por una legión de demonios que tenían todos ellos la característica de llamarse Guillén. Recuerdo cómo el viejo que me contó le daba un acento epopéyico al relato, y narraba cómo las piedras que sirvieron para la construcción del puente eran trasladadas mano a mano por los mismos demonios, que habían formado una especie de cadena, y que, a las voces de "Ahí va,"Guillén", "Venga, Guillén", "Ahí va, Guillén", las situaban al pie de la construcción desde la cantera y que sólo cuando faltaba una piedra por poner cantó el gallo, con lo que el apostador salvó su alma, y el puente, a falta de sólo una piedra, quedo construido. Y no ha sido sólo en esta literatura un tanto ingenua e infantil donde ha florecido el tema de la venta del alma, sino que aun en la buena literatura se ha dado con resultados realmente satisfactorios. "La piel de Onagro" de Balzac, es, por ejemplo, un titulo que salta a la memoria sin demasiado esfuerzo, y no digamos la extraordinaria novela de Adalberto de Chamlsso, "El hombre que vendió su sombra", así como mil otros títulos de la literatura fantástica y en la que los nombres de Edgar Allan Poe, Gerardo de Nerval, etcétera, se alternan con harta frecuencia. Y ni siquiera el Nuevo Testamento se libra del influjo, por cuanto que las eniaciones a Jesucristo son un intento de compra del alma y la hagiografía está llena de estos intentos que muchas veces, en alas del arre han pasado a la ninrura, como recordamos, improvisadamente, en Hieronimus Bosch.

Sin embargo, cosa ser el alma mercancía de muy fácil venta, no es el diablo, hoy por hoy, uno de los más activos compradores. O parece que la credulidad del hombre respecto al demonio ha sufrido una cierta mengua —no olvidemos que según el dicho popular "El demonio es un pobre diablo"– o quizá en el toma y daca en que se desenvuelve todo comercio, otros mejores demandantes se han hecho dueños de la transacción. Bastaría decir que, hoy por hoy, donde más frecuentemente se realiza la venta es en la ventanilla de la fama, del dinero, etc., sin olvidar que también se realiza y no quisiera que nadie se escandalizara por decirlo en las ventanillas de Dios. Y es un sentimiento casi general estimar que la venta del alma a Dios es hasta honrosa, cuando en realidad no deja de ser tan vituperable como las restantes ventas.

Porque hay especies o esencias no vendibles, que son patrimonio individual y con el individuo deben subsistir inalienables, y cualquier venta de ellas se designa con un nombre vergonzoso. sea quien sea a quien se venda. Y ello porque hay cosas que solamente pueden ser objeto de donación y no de venta, como a todos se nos ocurre que es, por ejemplo, el amor y también, naturalmente, el alma, que nunca debe ser objeto de venta, como muchas veces se estila, sino, a lo más, donación únicamente, con todo lo que la palabra implica, y que se debería desarrollar según el buen sentir de ese anónimo soneto de contricción que todos conocemos:

...que aunque lo que espero, no esperara,
lo mismo que te quiero te quisiera.

Si añadimos a ello el hecho de que lo que hoy "esperan" muchos, no es precisamente una gratificación espiritual, sino gratificaciones temporales en muchísimos casos, entonces la venta del alma a Dios puede recibir un feo nombre. quizá el mismo que recibe el amor mercenario, por así decirlo.

La oración

Acaso se trata de mi oración dominical. Es domingo cuando esto escribo. Aparte de otros muchos rasgos como así lo definen como tal día, puedo distinguir, no sé cómo, ésa su luz de no sabré nunca qué esencias distintas pese a haberle leído a Pérez de Ayala en su tremendo relato de tal título. Añadiré que acabo de leer la opinión de una monja zen sobre el después de todo –el postmorten, los novísimos, la escatología física y psíquica proyectada al infinito– del que dice que nada sabe. Curiosamente es el momento en que me acuden a la cita dos personas muy cualificadas. Me dice una de ellas (Chateaubriand (1768-1848), en su tan breve opúsculo sobre Amor y vejez (Acantilado, 2008), que trataba de descubrir por qué Dios me había traído a este mundo, y no conseguía comprenderlo. La otra persona es Hof-

mannsthal (1874-1929) que dejó escrito, en su El
libro de los amigos (Cátedra, 1991), que Dios
dice: yo era un tesoro que nadie conocía y quería
ser conocido. Por eso creé al hombre. Un triángulo perfecto. Una mesa de tres patas. El infinito
de la nada. Dios y el ego y la monja zen. Otra vez
la trimurti o trinidad, qué le vamos a hacer. Lo
más sorprendente quizás de ese momento mañana-
nero, la sorpresa, proveniente de Hofmannsthal
y de la multitud de amigos que figuran en su lista.
Cincuenta y cinco en total (que los he contado).
Una persona que cuenta con cincuenta y cinco
nombres como para poder llamarlos amigos, creo
que puede ser cosa seria, no sé en qué ámbito,
que, en el general suelen ser menos y ello permite
que nuestras alas no choquen. De todas formas,
empiezo por tratar de zarandear, en algo, ese
triángulo.

La monja zen

Aunque las tres patas de esta oración matutina
dominical son de común conocimiento, la de la
monja zen se lleva la palma de lo vulgar, que, reparando en ello, tampoco sé por qué acude a mi
cita no convocada la imagen de ese pájaro enjau-
lado que quiere romper los barrotes y echar a

volar a sus espacios de condenado a muerte como lo somos todos los que nacimos enjaulados, que quien avisa no es traidor. En suma, que es una persona yacente en el piélago de la gran duda, según se deduce de sus palabras, la monja en cuestión. De si existe o no algo, o qué existe o deja de existir después de esta absurda aventura en la que, de hoz y coz nos vemos metidos, y en qué porcentaje se mueve esta gran duda en los miles de millones de la población mundial, es problema para matemáticos y sociólogos aunque lo era de mayor repercusión en los tiempos en los que era obligatorio mirar de soslayo teniendo en cuenta a la inquisición y a la mística y con el credo babeando hacia fuera, gorguera y pechos de la túnica abajo por si acaso. En todo caso, en medio de esta duda de dimensiones teratológicas, pese a todo de una sencillez angélica (o contrangélica, según), se mueve todo el Siglo de Oro y sus oficiantes más egregios con el gran papado de la duda, D. Pedro Calderón de la Barca, a la cabeza.

Chateaubriand

Es la tragedia del poeta desesperado. Antes de preguntarse por las razones de Dios, se ve en el estado real de uno que patalea en la soledad inconmensurable: Relegado al desierto de mi vida, volvía a él con toda la poesía de mi desesperación. La incomprensión de por qué Dios le trajo al mundo, le hace revolcarse entre la humillación y el orgullo. En las tres patas de esta mesa el ego es el que manda. Los pensamientos son, en todo momento, reflejos: ¡Qué pequeño sitio ocupaba sobre la faz de la tierra! Aunque toda mi sangre se hubiera derramado en las soledades en las que me adentraba, ¿cuántas briznas de brezo habría manchado de rojo? Y mi alma, ¿qué era? Un dolorcillo desvanecido que se mezclaba con los vientos. ¿Y por qué todos estos mundos en torno a una criatura tan mísera, por qué ver tantas cosas? El demonio del orgullo eleva a lo alto su bermeja faz de suplicante airado al débil sol que va a hundirse en su ocaso.

Von Hofmannsthal

Le he querido reservar la cita conveniente. Lo extraigo, como en pañales, como envuelto en sagrados corporales de la impar función que desde hace cinco siglos va cavando en la floresta poética española este poema de rumias tan hondas. La voz que recita es también la de un monstruo, de fecundidad a la vez que de rima, Lope de Vega en astro y estro: ¿Qué tengo yo, que mi amistad procuras?/ ¿Qué interés se te sigue, Jesús mío, / que a mi puerta, cubierto de rocío,/...

Infinito

Entiendo que hemos perdido el infinito. La eternidad y el infinito eran nuestras dos irrealidades inconmensurables, las dos palancas que nuestra irracionalidad ofrecía a los juegos de nuestra razón, a ese delirio de jongleur de ir echando pelotitas al aire mientras las manos las van girando como aspas, atizando, imantando y soltando, no importa cuántas, cuantas más mejor, por supuesto. De una de ellas, de la eternidad, ya teníamos Historia, que la escribió, ya va por más del medio siglo, Jorge Luis Borges, ¿y, del infinito?...

La historia en recortes

El infinito que es concepto, término, dimensión, espacio, etcétera, etcétera, difícil o imposible de definir y que hasta el mismo Ferrater Mora, para irnos señalando solamente algunas de las distintas tendencias de algunos filósofos a la hora de enunciar su opinión sobre la materia, le dedica más de una quincena de densas páginas de su Diccionario de Filosofía, me ha deparado la ocasión de verlo como protagonista de la semana pasada más allá de toda otra celebración, reunión, expectación, etcétera, etcétera, de las que también ha habido desbordamientos mayúsculos (por no decir, sin fin, que es otra de las más exclusivas cualidades de lo infinito). En todo caso, en ese maremágnum de hechos, actos, personas y cosas (carretillas madrugadoras,. reuniones contra reloj, actos multitudinarios, proclamas políticas, exacerbaciones sentimentales, etcétera), hubo de todo. Un infinito de aciertos según algunos, cómo no, y de desaciertos para otros, qué para guardar memoria de todos o de los más descollantes una vez pasado el tiempo, tendríamos necesidad de recoger recortes de los periódicos, que es ahí donde se va escribiendo la historia de la actualidad, historia palpitante y viva aunque falseada al pasar a la escritura como he pensado siempre que resulta ser la historia escrita por los varios historiadores que escriben a su sesgo. Pero servirían los citados recortes de periódicos, en todo caso, para mejor conservar un latido, un pulso, un sentir de un tiempo, ése que muere en nuestros brazos antes siquiera de que pudiéramos regazarlo siquiera un poco.

El cinturón de Kuiper

En definitiva, uno se da cuenta de que pasar de la biblioteca a la hemeroteca es el único movimiento posible, cuando uno se levanta del sueño que es antesala del morir y, por lo tanto, yacente situación vencida y, como náufrago de oníricos mares, se agarra a la vida en torno, que siempre resulta ser un papel lleno de noticias. Un translaticio heroico si bien se mira, pero tan sin remedio como si se estuviera ante un tablero de ajedrez y no hubiera otra alternativa que la de mover figura de las miles que ese papel ofrece. La hemeroteca, habrá que decirlo, tendrá que ser de recortes pues si no, abultaría demasiado; se desearía que los ámbitos de la vivienda, los de los plúteos, los de las hileras de baldas, se alargaran hasta el infinito, cosa imposible siempre pero aún más ahora cuando ya el infinito no existe digo, que lo leía hace un par de días en estas mismas páginas y lo dejé subrayado con lápiz rojo, que se decía que la cápsula espacial Nuevos Horizontes (¿existirán ya horizontes sin decir de qué clase incluso, o en qué lenguaje totalmente descaecido estamos moviéndonos?) estudiará el cinturón de Kuiper, una masa de cuerpos de hielo que flota en los extremos del sistema solar, que los extremos en todo caso no pueden ser más que límites y si el sistema solar tiene límites es que se nos perdió el infinito, que hundido queda el infinito astral al menos, el infinito de los espacios empíreos y de la corte y cohorte de los cielos con coros, dominaciones y enjambres angélicos igualmente, sin remedio perdido todo mientras la cápsula sigue viaje a los imperios de Ming de la pura quimera a la manera de Flash Gordon o, quién sabe si no será mejor acogernos a los hielos de Lovecraft o a ese otro supuesto de que Dios sea uno de los disfraces que haya usado el señor Hidrógeno, que dice Asimov en una de sus 71 visiones de futuro (Alianza Editorial, 1983, L.B. núm. 978) que existe un combustible que jamás se agotará, y que, en algunos aspectos, es el mejor de todos: el hidrógeno», que es cosa de apercibirse de esta alternativa ahora que parece que hay movimientos para escatimarnos la hasta ahora imperante energía del petróleo, y, de todas formas, habrá que dejar convenido que entre todas las propiedades que se le hayan aplicado a Dios (que, para saber de eso no hay más que recurrir al Astete), habría que añadir, y ponerlo a la cabeza de la lista, la de ser Energía como algunas creencias así lo señalan y sea entonces la religión del hidrógeno, el hidrogenismo, la religión del futuro, no sé si después o antes de que la cápsula Nuevos Horizontes vuelva de su viaje a Plutón, de quien se piensa que, de aquí a una década, pueda ser el planeta de moda y, en las historias espaciales, habrá robado a todos los demás su protagonismo, especialmente a Marte que ha sido, hasta ahora, el más sonado.

La desbandada

A una hemeroteca personal me refería, líneas arriba, que, a la vez, sea un archivo para mejor entendernos, aunque también los archivos pueden originar, a la vuelta de los años, sus correspondientes problemas que, no sé por qué, se me viene a la memoria, ahora, aquella especie de aporía ante la realidad insuperable como es toda aporía, un esfuerzo inútil del razonamiento para solucionar lo que no tiene solución, la historia de una a manera de aventura grotesca del sujeto a quien algo se le perdió en la encrucijada del forcejeo, acaso los calzones y, cuando todo hubo terminado y la plaza estaba en silencio y soledad, nadie transitando por ella ni aun en sombras, se acercó lleno de orgullo convulso para robar esos calzones que le debían de oler a su propia miseria. Ya he dicho más de una vez que, para mí, actualmente, la mejor biblioteca es la que se pueda mantener totalmente vacía, es decir, permanentemente abierta y capaz para cualquier albergamiento, porque me asiste, al pensar de esta manera, aquella pasión, aquella fiebre, un impulso incontenible de ir por los libros, leerlos e ir colocando en las estanterías, en cajas de cartón si no se tienen, la memoria como la gran detectora de su contenido, que en cuanto una biblioteca se llena estamos ante la saciedad y sus rechazables flatulencias. En igual manera el archivo, aunque nadie ha logrado, hasta ahora, ese milagro. Hasta en las nubes crecen las noticias y, como las horas, todas nos hieren y la última, nuestra propia. noticia, nos mata, y no vale siquiera mirar hacia el infinito, que es lo que hace el dontancredonismo sobre todo si es político, mirar hacia el infinito que ya no existe, quedarse con los ojos alelados y la sonrisa petrificada, que todo eso quedó reflejado en los recortes, que no son otra cosa, si bien se mira, que la historia que empieza a hacer nido, recortes que cada despertar diario, a la hora que sea, nos acuden fieles, como moscas a la miel, amarga desbandada.

Indice